大展好書　好書大展
品嘗好書　冠群可期

吳式太極拳 7

勁意直指

三十七式太極拳

張耀忠

張林 厲勇 著

大展出版社有限公司

師掤徒捋

師擠徒按

師肘徒採

師靠徒挒

太極八法雙人大捋

（師：王培生　　徒：張耀忠）

徒掤師捋

徒肘師採

徒擠師按

徒靠師挒

太極八法雙人大捋

（師：王培生　　徒：張耀忠）

序

張耀忠

我的父親張耀忠

我時常想起父親，腦海中總是浮現出父親的身影，好像他還在，只不過好久不見。他老人家已經去世4年多了。

我10歲以前幾乎沒有和父母在一起生活。我上幼稚園全托、上小學住校、上初中的第一年也住校。我上幼稚園時，父親還沒有去太原，我家就在北京德勝門外

關廂的部隊大院，平時我住在幼稚園。一次回家，只見屋裡懸掛著千紙鶴，母親告訴我那是父親折的。後來，我也學會了折紙鶴，還折飛機、坦克、小船……我上小學時，父親的部隊到了山西太原，我們在北京沒有住房了，母親平時住在我外公家。每逢寒暑假，母親就會帶我和姐姐去太原住幾天。那時我對家沒什麼印象，對父親也沒有太多印象。

1965年我10歲，父親從部隊轉業分配到北京林業學院，就是現在的北京林業大學。我開始和父親母親過起了真正意義上的家庭生活，從那時起我開始瞭解父親。父親小時家裡非常窮，就因為這個原因，他被村裡選送免費上學讀了兩年書，完成初小學業。

有一年村裡鬧天花，父親的家人除了他三哥全都染病，我的爺爺奶奶沒能活下來，我父親兄弟四人逃過劫難。父親說記得當時他三哥嘴裡總含著一瓣大蒜。後來我和父親一樣也愛吃大蒜。父親下過煤窯，後來參加了革命。

我父親興趣廣泛，愛好很多，詩詞歌賦、書法象棋、游泳爬山、攝影洗相、養花種菜、木工製作，等等。但是，他最大的愛好是武術，在習武練拳上花費的時間精力最多。那時他每天晚飯後就出去練拳練劍，這早已成為他的習慣。

父親年幼時就受家鄉習武風氣影響，喜歡舞槍弄棒，後來參軍入伍接受軍體訓練。父親當過步兵、炮兵、坦克兵，參加過抗日戰爭、解放戰爭、抗美援

朝，一路下來身體難免受傷。1959年，部隊要求軍隊幹部練習太極拳，父親如魚得水從中受益，身體逐漸康復。也就從那時起，開始了父親的太極情結，一發而不可收。

父親從部隊轉業不久，「文革」開始了，在那個人人自危的年代，父親仍然放不下他鍾愛的太極拳。我記得「文革」初期，父親還帶著我去北京體育學院等大學圖書館，尋找難得一見的太極拳書籍、資料，一旦得到如獲至寶，整天捧在手裡仔細閱讀學習。他用木頭精心製作刀劍，愛不釋手隨時抄起操練。「文革」時期，太極拳也被列為「牛鬼蛇神」，這也成為父親遭受批判的罪狀之一，每當這時父親就拿毛主席提倡打太極拳的「最高指示」理直氣壯地頂回去，堅持習練太極拳不止。這在當時是需要多麼大的勇氣啊！

父親非常希望我學習太極拳，一有時間就教我練習，給我講太極拳之道。我從父親身上學到很多東西，除了太極拳，父親還教我游泳、滑冰、騎自行車、象棋、軍棋、唱歌、糊風箏⋯⋯父親學習照相，自己沖膠捲、放大照片，我很好奇，每次都鑽到廁所（暗房）裡看父親洗照片。父親閒時常帶我到學院苗圃走走，邊走邊告訴我花草樹木的名字，看得出來他很喜歡那些植物；父親還常帶我到公園玩，去得最多的是頤和園，我記得那時頤和園有個九龍壁，後來不知什麼時候搬到了北海公園。

「文革」中父親被免職，讓他負責管理學校的菜

地，父親絲毫沒有悲觀，他帶著我就在我們住的樓群裡掏大糞，長長的竹竿上拴個小鐵桶，伸到糞坑中盛滿大糞，提起來倒進糞車，父親讓我也試著掏糞，裝滿一車就拉到菜地去澆灌，手上、鞋上、衣服上都沾上大糞，但想到蔬菜得以茁壯成長，我們心裡竟然美滋滋的！那時我懂得了沒有大糞臭就沒有五穀香。父親有段時間在學院的西山林場食堂負責買菜買糧食，我暑假時到山上和父親同住，有機會親近大自然，爬山、粘知了（蟬）、抓蛐蛐……不亦樂乎。

享受父愛的美好時光十分短暫。1969年，父親隨北京林業學院到了有森林的地方（雲南），母親帶我和姐姐留在北京，住進母親單位提供的一間十幾平米的小平房，望著愁眉不展的母親，離開父親的我倍感傷心淒涼。1977年，父親終於回到北京，在市體委軍體總校任副校長，那時我已經參軍入伍了。我成家後經常攜妻子女兒回家看望父母，父親見到我總是很高興，一定要親手做他最拿手的、也是我最喜歡吃的山西麵食，壓餄餎、搓疙瘩、烙餅……現在想起來仍回味無窮。

父親一直著迷於太極拳，經常為練拳中遇到的問題而困擾，渴望能得到高人指點。回京後他遍尋京城習武之地，有一天終於從練功人口中得知太極拳泰斗王培生先生的資訊，當即登門求教，不久便正式拜師，追隨多年，最終得到吳式太極拳真諦。為此，他還在57歲那年，毅然辭職，申請提前辦理離休，以便

全身心投入吳式太極拳的學習、研究中。

父親視王培生先生為恩師，極為尊崇。他以王培生先生為榜樣，崇尚武德，愛徒如子，無私傳授，樂此不疲。為使吳式太極拳更好地傳承下去，父親用十餘年時間整理資料，傾注畢生的精力，陸續編寫出版了《王培生內功心法太極拳》《吳式太極拳簡化練法》《太極拳古典經論集注》等十餘冊書籍。到了晚年，父親仍然筆耕不輟。父親身體一直很好，血壓、血脂、血糖正常，只是視力、聽力不大好。

2012年，父親突發腦梗塞，在家治療期間還在為自己的著作操心，不顧母親勸阻親自搬運、碼放成包的圖書。父親年老後就不再到外地教拳，但一直沒有停止傳授太極拳，每週定期帶徒弟練習推手功夫，以此為樂，以此為榮。就在他進入重症監護室時，還想下床教醫生護士練太極拳，讓在場的醫務人員既緊張又感動！

父親突然患病讓我感到十分意外，心理上很難接受。我幻想父親能夠挺過來，想盡辦法請專家會診，用最好的藥，轉到博愛醫院做康復治療，但父親還是走了。我非常傷心，痛哭不止。父親對死亡早有準備，他在清醒的時候重新抄寫了常用的通信錄，以便母親以後聯繫方便；他還給母親寫下了「神龜雖壽，猶有盡時；聽天命，隨遇而安，順其自然，平常心」，好讓母親正視現實，不要過於悲傷。他最放心不下的還是他的吳式太極拳，我送父親住院的路上，

他千叮嚀萬囑咐,讓我把兩本還在出版社的太極著作的後期事情辦理好。他對我說,生老病死順其自然,故後一切從簡,不辦遺體告別。我按照父親的囑咐辦了後事,送他走了,沒有驚動大家。

父親患病期間得到大家的熱情關心。北京吳式太極拳研究會的領導,父親的師兄弟、徒弟,以及單位領導、親朋好友,經常到醫院看望,我的母親也得到大家的關照幫助。我內心十分感動,絕非一個「謝」字所能表達感激之情,只能將這一切牢記心中,給大家以最美好的祝願。

父親是一個普通的人,不拘小節,簡單平淡。

父親是個不一般的人,他為吳式太極拳嘔心瀝血,死而後已!

我崇敬父親!我愛我的父親!

張　林

前 言

　　恩師張耀忠先生用數十年精力研究中華武術，共出版書籍近20種。這些著作搶救性地記錄了其師傅吳式太極拳大師王培生先生所傳功法，為吳式太極拳的傳承作出了巨大貢獻。

　　王培生先生去世以後，師父將王老傳授及自己多年體悟的精華著成《三十九式太極拳勁意直指》一書，2008年由人民體育出版社出版。書中，師父將太極拳內功心法、內勁奧秘以及技擊方法毫無保留地呈現給讀者，可謂知無不言、言無不盡，將舊時練拳不輕易傳人的絕密之處一一展露。此書一經面市，即成為太極拳愛好者入門、提高的「寶書」，受到熱情追捧。10年間，多次再版，目前仍一書難求，以致眾多讀者不惜高價購買翻版書籍。

　　以上，便是我們開始籌畫出版此書增補版的由來。

　　本次出版書籍按照恩師的願望更名為《三十七式太極拳勁意直指》。書中內容包括三方面：一是以2008年出版的《三十九式太極拳勁意直指》（以下簡稱為《三十九式》）為基礎進行增補改編，作為本書主要內容；二是恩師在前書之後另一部書稿《華夏神功太

極拳》的勁意訣竅部分；三是根據恩師在北京理工大學、中國政法大學進行的兩次演講錄音整理而成的文字。

《華夏神功太極拳》書稿的前兩部分已經由北京體育大學出版社出版，名為《太極拳古典經論集注》，第三部分是一套完整的太極拳意念心法全書，裡面有三十七式各式、各動的意念心法。這次將其合併一起出版，也算完成師父的一份心願。

2008年，恩師在北京理工大學做了一次題為「太極內勁豁然貫通」的講演。當時，正值《三十九式》一書剛剛面世，恩師親自講解、示範了書中部分內功心法，深入淺出，聲情並茂，生動形象，彌足珍貴，成為很多太極拳愛好者的最佳啟蒙教材，意義非凡。恩師的絕學，非現場親身體驗，不足以瞭解，當時恩師已83歲高齡，上場體驗者無一不為其雷電般的勁力所震驚，剛一接手便為其所控，不可抗拒，勢不可擋。此次，我們整理了演講的文字稿，方便大家反覆學習，深入理解，以助習練者豁然貫通，提高功夫。

2010年，恩師又受邀在中國政法大學做了題為《華夏神功太極拳》的演講，進一步系統講解太極內勁在全身的運用方法。此文是恩師追隨王培生師爺，潛心學習吳式太極拳的心血總結，是難得的全面、系統的內勁教程。

現在，藉助現代的網路技術，讀者可以隨時由掃描二維碼一睹恩師親自演練太極拳的真容。同時，為

適合初學太極拳的朋友對照螢幕練習，我們還特別錄製了三十七式每式、每動的演示影片，影片從前、後、左、右四個角度展示了姿勢細節和動作路線。

張耀忠連貫
演練三十七式

　　古人言，練好太極拳有四個重要條件：侶、法、財、地。侶，是志同道合的夥伴；法，是準確無誤的方法；財，是一定的物質基礎；地，是良好的外在環境。當前最為稀缺的是侶和法。拿到本書，就是得到了前輩留下的「法」，至此，我們更需要將「侶」字發揚，團結互助，共同學習，將太極絕學傳承下去。歡迎大家加入我們的書友匯，研討健身延壽心得，做太極絕學的「守藝者」。

　　本書編寫期間，得到了下列人士的大力幫助，一併致謝！

掃碼加入太極拳
勁意直指書友匯

　　江蘇新東旭的朱群益和朱群新；張家港的趙少華、周英龍、蔣新峰、陸衛平、陳瑞華；山東日照的張鋒先生。

　　北京理工大學周畢文教授、博武網、陳自隆先生提供了講座錄影。

　　王陽、高燕、孫培棟、劉震、陳彥宇、馬雪松、潘武、厲冰瑞、馮杰、田家勝、王洪波等在文字錄入、文稿潤色、文字校對方面提供了幫助。

厲　勇

目　錄

緒　論

人體六球與太極拳

人體六球在太極拳中的應用

人體六球與四肢的關係

太極拳運動,在初學階段,只是手腳的抱分、開合與進、退、摟、推、托、挑、穿等動作;進入提高階段,則應學習意想人體四肢之經絡,穴道的左右、上下、交叉開合;到了深造階段,則應學會運用人體六球的開合來催動肢體運動。如果不懂得運用人體六球,那就「進步較慢」,嚴格講,則是功夫難於達到上乘。

所謂六球,即兩個眼球、兩個腰子(腎臟)和兩個睪丸(女子為兩乳頭)。眼球為上球,腰子為中球(女子兩乳居中),睪丸為下球。

六球運用法舉例

● 動腿想睪丸

例如,踢腿時,意想同側睪丸飛揚,則踢腿輕快且高,心花怒放,連續踢擊而不累;提膝時(如做金雞獨立式),想同側睪丸向上抽提,如此,則連支撐腳亦有離地起飛升空之感,即所謂「獨立如日升」是也。因睪丸通陰蹻、陽蹻二脈,管人體升降;屈膝下蹲時,想睪丸收縮(龜縮),起立時,想兩睪丸橫開,如此,感覺肩

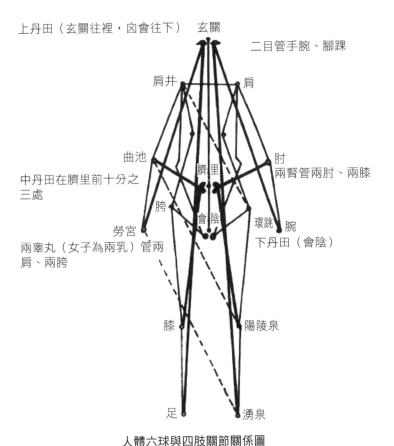

上丹田（玄關往裡，囟會往下）　玄關

二目管手腕、腳踝

肩井　　肩

曲池　　肘

中丹田在臍里前十分之三處　　臍里　　兩腎管兩肘、兩膝

胯　　會陰

勞宮　　環跳　腕

兩睾丸（女子為兩乳）管兩肩、兩胯　　下丹田（會陰）

膝　　陽陵泉

足　　湧泉

人體六球與四肢關節關係圖

井穴與環跳穴飽滿、來勁，於是就立起來了；進步或退步時，想實腿側睾丸抽提，則另腿會自動進退；當人坐在靠背椅子上，欲要站立起來時，兩眼球必須向前移至與睾丸上下成垂直，提一下睾丸，然後往前一看，才能站立起來，否則，任何人都站不起來。

● 動臂想腰子

出手時，意想手是長在同側腰子上的。諺云「手從腰出，勁大如牛」是也。出手後，腰子要跟著手向前進。「腰在手後跟，勁大如雷霆」是也。若是手腳並用，意在實側腰子即可。

● 身體俯仰屈伸、左旋右轉用眼球

眼神視線俯視，則身向前俯，仰視則身向後仰，左顧則身向左旋，右盼則身向右轉，平視或凝視一點，則立身中正，平衡穩定，即如軍人佇列口令「立正！向前看」然。身為主體，眼為先鋒。諺云「身為主，眼為先，眼神一走周身轉」是也。

● 手與眼神的配合

眼往哪兒看，手往哪兒伸，手追眼神，準是對的。

● 腳與眼神的配合

眼往哪兒看，腳往哪兒踢，看準了再踢，不盲動，不妄動。

● 人體之六球，與八卦之坤卦（☷）相對應

即下爻為兩睪丸；中爻為兩腎臟；上爻為兩眼球。坤卦在八卦中的地位為老母，屬老陰，性至柔，也就是最為靈活，且活動無常。六球活動，影響四肢百骸。歌曰：「坤屬老陰體內長，六球體內動無常，扭轉乾坤四球掌，

上有兩球佐朝綱。」

● 睪丸為藏精之所，是謂「精」；腎臟為藏氣之所
　　（腎氣），是謂「氣」；眼球為藏神之所，是謂
　　「神」。三者合而謂之「精、氣、神」

　　人在母體中時，頭朝下，其精在上；降生後直立，
則精處於下方。天有三寶：日、月、星；地有三寶：水、
火、風；人有三寶：精、氣、神。人的精、氣、神飽滿，
則身體健壯，精、氣、神耗盡，則死亡。人能自覺地、有
意識地運用六球打拳練功，實際就是鍛鍊精、氣、神，使
之常新、常旺。

　　學會運用六球，則長功夫，進步快，健身效果也好。
煉精則化氣，煉氣則化神，煉神則還虛，恰如丹道功夫相
近。順乎自然，身心健康。

　　女子生理結構特殊，兩乳居中，其效用如何，需自己
找感覺。因未深入研究，恕不敢妄言。

太極拳氣勢中心圈

　　當手臂舒伸時，則意在手腳（上、下）相呼應（即
用手腳圈），當屈肘時，則意念轉移到肘膝相呼應（即用
肘膝圈，比之手腳圈縮小了一圈，此時若再用手則徒勞無
益）；當兩臂下垂或兩臂被控制，則意在肩胯相呼應（即
用肩胯圈），肩被控制則動胯，胯部被控制則動肩，四肢
被控制則動腰脊。

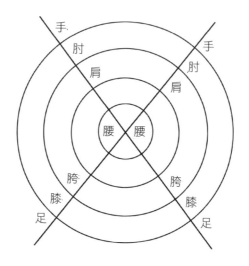

太極拳氣勢中心圈示意圖

　　總之，氣勢中心圈有伸縮性，可大可小，隨機應變，根據當時的動作變化狀況，運用意念靈活操控，以提高體用效果，避免無謂的消耗。

太極行功勁意圖解

預 備 勢

〔歌訣〕

> 預備之勢為開頭，全身內外鬆肌肉，
> 四肢脊柱骨節開，毛孔擴大把氣透；
> 兩腳並齊陰陵貼，鼻尖尾骨來對接，
> 二目平視往遠看，全身舒適心愉悅；
> 身體直立頭頂天，意守中極無雜念，
> 外靜內動三才樁，欲剛欲柔人難撼。

【命名釋義】

預備，預先準備。凡運動開始之前，均須有所準備。「練拳無準備，定是冒失鬼」。做好太極拳預備式很重要，能漸入境界、神情專注、漸入練功狀態。

【勁意法訣】

現今習練太極拳的人很多，但大多對預備勢內功心法並不瞭解。預備勢雖無外形動作，但實則「形靜意動，外靜內動，靜中有動」，此為預備式內功心法。

預備勢有三種行功方法，習練者可視當時所處情況的不同隨機選擇採用。

其一，中定樁法

兩腳平行自然站立，意想從自身肚臍處水平線上被攔腰砍掉，上身沒有了，不存在了，空了，只有肚臍以下部分還在，而且胯以下部分被埋沒地下。只要意守上述水平

線，中定椿的潛在功能就有了，他人欲撼你則不動。

中定椿功是太極拳的基礎功夫，沒有中定則沒有一切，得此則萬事畢，以一念代萬念，以不變應萬變。用於推手時，是以守為攻之法。

人體肚臍以上為天，天空屬陽；肚臍以下為地，地實屬陰。在天地陰陽之間的結合處，即肚臍之水平一線，稱為中極。中極之玄，非陰非陽，亦陰亦陽。陰為實，陽為虛，即意守中極，則想虛則虛，想實則實；虛為動，實為靜，意守中極則願動則動，願靜則靜。動為剛，靜為柔，意守中極則欲剛則剛，欲柔則柔。凡此皆是意，不在外面。總之，意守中極之玄，方可應物自然。

此法以前是秘而不傳的，在此公之於世，供太極同道習練體驗。

其二，細緻修為之法

面南而立，人天合一方位，求人與自然陰陽和諧。前胸為陰，南方屬陽；後背為陽，北方屬陰。此方位，人體前後均與自然界陰陽相合。兩腳靠近，距離約10公分。頭容正直，二目平視，兩臂鬆垂，置於體側。

行功分三層：

第一層是放鬆全身肌肉，肌肉放鬆筋自長。實戰時，你的肌肉比對手放長1公分，即可取勝對手。

第二層是骨節拉開。就是要使四肢和脊柱骨節間對拔拉長。

其方法是，先意想兩手食指梢節和第二節上下對拉，當兩節之間的骨縫拉開以後，其間便會產生一種蠕動感，

這叫做「骨節通靈」。然後依次拉第二、三節，食指根節、腕關節（意想大陵、陽池二穴即開），肘關節（意想少海、曲池穴），肩關節（意想極泉、肩井穴）。上肢關節拉開了，意念轉移至兩腳大趾。先想大腳趾後大墩、隱白穴，後想第一、二趾骨底間凹陷處之太衝穴，腳大趾關節即開。繼續想腳踝關節，即足背與小腿交界處橫紋正中之解谿穴。拉膝關節時意想膕窩正中之委中穴。拉胯關節時意想腹股溝正中點（氣衝與衝門之間）和環跳穴。然後，意念轉移到尾骶骨，從尾椎的裡側由下往上一節一節地意想。人的尾椎有長有短，三至五節不等，憑著各人感覺往上移行。腰椎五節、胸椎十二節、意到大椎為止。餘下的頸椎七節，只要二目向前平遠視則會全拉開。頸椎不可節節對拉，那樣有可能導致頸椎受傷。全身骨節拉開後，轉動靈活，意想好似骨節間有一隻睜開的眼睛。

第三層是毛孔擴大。意想全身體表的毛孔都張開，毛孔就如天上的繁星，都在閃閃發光。進入此意境則內外氣相通，人與宇宙相融，有飄飄然之感。皮膚神經對外界資訊感覺的靈敏度顯著提高，即所謂能聽勁、能懂勁，提高了快速反應能力。

三層意思行功完畢，意念轉移到腰腹部，先想命門、後想肚臍，反覆3次。

這是一種胎息法，也就是太極呼吸法，意想命門是吸氣（督脈升），意想肚臍是呼氣（任脈降），反覆3次後的呼吸就順其自然了。這好似給機械表上發條，上滿之後就讓它自動走起來。（圖0-1）

其三，參賽之法

參賽或表演時，因受時間的限制，故採取簡捷的方式，乾脆俐索，不拖泥帶水。其法是，兩腳並齊（表示守規矩、有禮貌），意想陰陵泉相貼（實際貼不上），尾骨端回鉤鼻尖（從身前鉤，實際也鉤不著，是用意念鉤），二目向前平視。（圖0-1）

圖0-1

按此法行功，會頓時產生一種異常的舒服感。找到這種感覺，對身體健康大有益處。當然，這種舒服感只可意會，不可言傳。我們平時可照此心法站樁，悉心揣摩找到感覺，便能盡享其中愉悅，以致樂此不疲，不願收功。若是參賽或表演，找到感覺即可，不可延時。

【神功妙訣】

意想肚臍下邊沿一寸二分（中醫人身寸）處，然後心中默念「一寸二、一寸二」，使意念專一不二，守一而心不動。若功到則出手便有六面勁，應變無窮。

第一式 起 勢

起勢

〔歌訣〕

起勢一動陰陽分，左腳橫移緩落定；

兩腕前掤勾提打，兩掌下採體鬆沉。

【命名釋義】

「起勢」的意義就是說從準備到開始運動的姿勢，稱為太極起勢，也就是開頭、開始。凡事都有始有終，有頭有尾，太極拳亦如此。

第一動　左腳橫移

吳式太極拳運動注重意念作用，腳的移動是在意念的驅使下不知不覺中完成的，只有這樣才是正確的，否則便是錯誤的。

首先意想鼻子尖微向右移，與右腳大趾上下對正，此時，你會感覺到右腳的前腳掌變實，後腳跟變虛。實為靜、為陰，虛為動、為陽。如此微微一動，便在一隻腳下分出了陰陽。這就是拳經上所說的，動則分陰陽，無極而太極。太極即是陰陽，陰陽即是太極。

接下來是以尾骶骨端與右腳後跟對正。此時，你會感覺到右腳全腳掌變實而左腳變虛，但不要去管它，還是先以尾骶骨端與右腳後跟對正。這時，感覺脊背有一股氣流向上升騰，此時，二目向前凝神注視一點，左腳便在你不知不覺中向左橫移過去了。

這正是太極拳的奇妙之處。左腳橫移開後，腳大趾內側虛著地面，目平視前方。（圖1-1）

圖1-1

【常見錯誤】

有意抬左腿、挪左腳。

【糾正辦法】

意念引導，左腳自然而動。

【勁意法訣】

意想右腳全腳掌著地，意想右腿之伏兔穴（股前方肌），則左腳便會自動向左橫移。

第二動　左腳落平

左腳落平但不想左腳，而是意想右手。首先意想右手小指尖往右腳外側後下方指，即右腳跟外側約10公分處，然後是無名指、中指、食指、大指尖依次指右腳外側。當右手小指指地時，左腳大趾著地；右手無名指指地時，左腳二趾著地；右手中指指地時，左腳中趾著地；右手食指指地時，左腳四趾著地；右手拇指指地時，左腳小趾著地。其道理是右手指與左足趾交叉相通。

太極拳的理論依據是老子哲學的「反者道之動」。動左腳則想右手，若動右手則想左腳，逆向思維。接下來是意想右掌心按地，則左腳心著地。意想右掌根按地，則左腳跟著地。至此，左腳在不知不覺中落平。然後一切都忘掉，痛快地喘一口氣，做一次異常美妙的深呼吸，同時雙目平視前方。（圖1-2）

圖1-2

【常見錯誤】

有意踏平左腳。

【糾正辦法】

意在右手，不想左腳。

【勁意法訣】

意想右手掌觸及地面則左腳落平。

【神功妙訣】

左腳落平不想左腳，而是想右臂的肩、肘、手腕逐節放鬆，右手指尖指地、掌心下按接觸地面，如此則左腳掌在不知不覺中平落於地面。此時一切都忘掉，做一次暢快的深呼吸。

【攻防作用】

當對方推你右肩時，你目視對方面部，意想左胯回擊對方。你右肘被推時，則意想左陽陵穴或左陰陵穴找右少海穴，亦可意守左腳外側，皆可生勁反擊。只有意動，無技擊形象，用意不用力。

第三動　兩腕前掤

兩腕前掤，不想兩腕，即不想與對方的接觸面，是為了避免雙重之病。

兩手食指尖下指地面，然後意想十指梢回摳手心，同時意想腳趾抓腳心，則兩腕自會緩緩向前上掤起。兩腕掤起高度在肩以上，耳垂以下，恰與嘴角的高度持平。目視前方。此時把意念放到兩手心裡（內勞宮），手就不會再抬高，也不落下了。這是一個掤樁。（圖1-3）

圖1-3

【常見錯誤】

肩、肘、腕抬得過高或過低。過高則砸到自己腳跟上。過低則胸悶，難發掤勁。

【糾正辦法】

只想手指摳手心，用意念摳。到達高度就轉想手心。

【勁意法訣】

先想腳趾摳腳心，後想手指摳手心，則兩腕產生前掤勁。

【神功妙訣】

意想兩手抓提自己的膝蓋，而膝蓋躲手。如此則兩腕便會自動向前上掤起。若有人抓我手腕或推按我兩臂，則可將對方掤發出去。

【攻防作用】

當對方抓我兩手腕，我意想腳趾摳腳心，手指摳手心，即可將對方掤發出去。對方要抓我的手腕我就給，給即是打。就是把兩手腕送給對方就把對方打發出去了。拳經曰：「務令順隨。」順著他，隨著他，順也是打，隨也是打。「捨己從人，隨曲就伸」，捨去兩腕隨他抓，結果是把他打發出去了。

另一種功法是，當對方抓我兩手腕時，我意想兩手抓我兩膝關節，亦可將對方掤出。

第四動　兩掌下採

意念由內勞宮轉到外勞宮（手背），此時，兩肩感覺發酸，兩臂發沉。兩手指自然舒伸而向下降落，當手臂落

圖1-4

到與軀幹成45°角時,意念轉移到曲池穴,則兩肘自然向後平拉。

然後意想肩井穴,則身體猶如乘電梯垂直下降,兩腿隨之屈膝坐身,兩臂微屈,兩手拇指尖點觸於大腿外側之風市穴。其餘指尖朝前,掌心朝下。目平視前方。(圖1-4)

【常見錯誤】

兩臂直挺,兩手拇指尖不接觸大腿,內氣散,身架也散。

【糾正辦法】

鬆肩沉肘,使中指與尺骨頭成陡坡狀,兩手拇指尖點於大腿外側。

【勁意法訣】

兩腳腳趾舒伸開,腳心貼地,則兩掌產生沉採勁。

【神功妙訣】

意想提膝走路而不走,則兩掌產生沉採勁。

【攻防作用】

當對方抓我的兩手腕,我以手指尖指對方的腳跟,然後意欲席地而坐,即可將對方拔根採起;或意想腳趾尖與手指尖對接,亦可生採勁。

第二式　攬雀尾

攬雀尾

〔歌訣〕

攬雀尾勢是精華，掤擠肘靠進攻法；

捋按採挒為化解，引進落空把敵發。

【命名釋義】

攬雀尾是根據其動作形態命名，有象形之意。對方擊來之手臂喻為雀兒的尾巴，自己的手臂喻為繩索，用之旋轉，上下、左右纏繞對方的手臂，隨其動而動，好似用繩索捆縛雀兒尾巴，不讓它逃脫且反抗不得。

攬雀尾在王培生先生傳授的太極拳中共有兩套，一套用於社會公眾習練，另一套是早先王氏門中內部修煉所用，旁人難得一見。後來雖然在王先生著作中公開面世，但真正會練的人不多。此次特將兩套攬雀尾編排在一起並加以詳解，意在更好傳承並與同道拳福共用。

第一動　左抱七星

所謂七星，係指人體之頭、肩、肘、手、胯、膝、足七個部位的相關穴位，即頭頂部的百會，上肢的肩井、曲池、勞宮；下肢的環跳、陽陵、湧泉穴七穴。人體的穴位喻為天體之星，頭頂的百會穴為恒星，四肢六星是因腿的虛實變化而變化的。左抱七星是左肩井與右環跳相合，左曲池與右陽陵合，左手心托右腳心（意念托），右腳心

似站在左手心上（心意），也就是左勞宮與右湧泉合。都往實腿一側合，其形體姿勢狀如天上的北斗七星勺狀（南斗瓢、北斗勺）。故取此名。

　　身體重心右移，尾骶骨端對正右足跟，鼻尖對正右腳大趾。鬆左肩，墜左肘，意想肘尖蹭著地面走。左手以食指尖引導從側方起，向正前上方緩緩抬至拇指甲根外側的少商穴與鼻尖前後對正，其餘指尖均朝上。然後，左中指與無名指相貼，則左手心

圖2-1

會自動翻轉朝裡，變為陰掌。右手中指扶於左肘關節處。然後，右肘一沉，右肩井向後向上一提，就把左腳向前催出半步。腳跟虛著地面，腳尖翹起（腳尖翹則暖腎），這就形成了右坐步勢抱七星樁。（圖2-1）

【常見錯誤】

　　鼻尖、右腳大趾尖、左手拇指尖不在一個立面上，左手偏向左側，右腿未坐實，左腿未徹底放鬆。

【糾正辦法】

　　兩腳虛實分清，鼻尖、左手拇指尖和右腳大趾尖擺在一個立面上，求取「三尖相照，三尖齊到」。

【勁意法訣】

　　意想後手找前腳，則前手產生掤勁。

【神功妙訣】

　　意在鼻尖與右膝蓋尖、右大趾尖上下對正，則產生六

面勁。

圖2-2

【攻防作用】

當對方出右拳朝我胸部擊來，我接住對方手臂向右引帶，同時起左腳踢擊對方腿襠、腹部，但練拳時含而不露。

第二動　右掌打擠

左手鬆力，左前臂向右橫置於胸前，高與肩平，手心朝裡，拇指朝天，小指朝地；同時，右掌向右移至左脈門和左掌相交成十字，指尖朝上，掌心朝前，右食指尖與鼻尖前後對正，鼻尖與前腳（左腳）大趾尖上下對正。同時，左腳落平，左腿屈膝前弓，身體重心移至左腿，右腿在後伸直，兩腿形成左弓步。下頜微收，二目向前平視。（圖2-2）

【常見錯誤】

左臂夾肘，頭頂與前腳未對正。

【糾正辦法】

左前臂擺平，頭頂移至前腳正上方。

【勁意法訣】

打擠又名推切手，即前手下沿如快刀利刃，意欲向下切物，後手掌根推前腕脈門。這一切一推則擠勁合成。

【神功妙訣】

意想鼻尖找左膝則產生擠勁。

【攻防作用】

當對方出右拳朝我胸部擊來時，我以右手按住對方來手向右一捋，隨後左手橫於胸前，進左步套鎖住對方右腿，然後右手打擠，對方必仰跌。此為「有捋必有擠，不擠失戰機」。

第三動　右抱七星

先走眼神，由目視正南方轉視正西方；右手追隨眼神向右橫移90°，左手中指尖與無名指扶於右脈腕處（圖2-3）。伴隨右掌向右橫移，以手帶身，身體半面向右轉；步隨身換，以左腳跟為軸，腳尖內扣90°。然後，右掌翻轉朝裡，拇指尖對鼻尖；左掌翻轉朝下，回收於右臂彎處。同時，右腳跟虛懸內收，隨後右腳向前邁出半步；腳跟著地，腳尖翹起。平視前方。（圖2-4）

【常見錯誤】

右手偏向右側，違背抱七星本意。

圖2-3　　　　　　　　　圖2-4

【糾正辦法】

右臂內側與左腿內側交叉相合，意在左腿內側。使右左手回抽（有意無形），則右掌外沿產生掤擊勁。

【神功妙訣】

意想左腳腳趾撓地則拿人，意想後手找前腳則發人。

【攻防作用】

當對方從我右側擊來，我以左手接其來手，以右掌劈擊對方頸部。

第四動　左掌打擠

右腳掌慢慢落平，右腿屈膝前弓，左腿在後伸直成右弓步。同時，右前臂橫置於胸前，左掌根前移至右脈腕處，成十字交叉。目平視前方。（圖2-5）

【常見錯誤】

左手指低垂不展，右手指回勾。

【糾正辦法】

左手展指凸掌，勞宮吐力，右手中指與無名指相貼，微向外翻，使左掌根與右脈腕之間貼實。

【勁意法訣】

意想前腳（右腳）底之湧泉穴，回找脊背夾脊穴（從身前找，用意念找），兩處資訊一通（有感而通，互相呼應），則擠勁自然產生（寅與卯合出擠勁）。

圖2-5

【神功妙訣】

意想鼻尖找右膝蓋則產生擠勁。

【攻防作用】

當對方捋我右臂，我順勢進步進身，出左手追右臂，即可將對方擠翻。

第五動　右掌回捋

左右手同時翻轉，右手心朝下，手指向前舒伸。左手心朝上，中指與無名指扶於右脈腕處（圖2-6）。然後退身後坐，重心移至左腿；左膝微屈，右腿伸直成左坐步。同時，右掌向右側回捋至右胯外側。目視右後下方。（圖2-7）

【常見錯誤】

手臂用拙力回拉。

【糾正辦法】

右臂、肩、肘、腕全放鬆，只想往回退身後坐即可。

圖2-6　　　　　　　　圖2-7

【勁意法訣】

意在尾骶骨找後腳跟，右腳趾往前延長則捋勁自然產生。

【神功妙訣】

意想右腳趾向前延長則右掌產生回捋勁。

【攻防作用】

當對方出右拳向我擊來，我以右手刁住對方手腕，同時向後坐身，右腳趾前伸，則可將對方連根拔起而向前傾跌。

第六動　右掌上挒

收腹使右腳尖翹起，身體微向左轉，使右手背與左腳上下對正。目視前上方（圖2-8）。右手帶左手向前上舒伸，隨後向右橫移至右腳上方。同時，重心右移，右腿屈膝前弓，左腿在後伸直成右弓步。（圖2-9）

圖2-8　　　　　　　　　　　　圖2-9

【常見錯誤】

手上用力,定勢時手不到位。

【糾正辦法】

眼神先走,手追眼神,不要用力。定勢時,右手要送到右腳上方。

【勁意法訣】

當右手背與左腳面上下對正時,意想左腳面,則右手產生上捌勁;當右手背與右腳面上下對正時,意想右腳面,右手也產生捌勁。其原因是利用同性相斥之原理。手背、腳面同屬陽面(同性),意想腳之陽,則手之陽受排斥,使手腳分離,產生上捌勁。

【神功妙訣】

意想右腿股前方肌,則右掌產生上捌勁。

【攻防作用】

拿住對方的右腕往裡擰轉,然後再以對方的手去找對方脊背之大椎處,則將對方掀翻。

圖2-10

第七動　右掌反採

退身後坐,重心移至左腿,左膝微屈,右腿在前伸直,右腳跟著地,腳尖翹起。同時,右掌弧形向右後回採至右眼角外側,掌心朝上。目視右後上方。(圖2-10)

【常見錯誤】

右手舉得過高。

【糾正辦法】

鬆肩沉肘，右手背找左腳跟，拇指尖高不過右眼角。

【勁意法訣】

先想前腳，再想後腳。身往後坐，以左胯為軸，目視右後上方。

【神功妙訣】

意想右脈門則右掌產生反採勁。

【攻防作用】

當對方抓住我右腕，我微順對方，然後往後坐身，即可將對方採起，使對方雙腳離地而失衡前撲。

第八動　右掌前按

右肘找左膝，身體半向左轉，右腳尖內扣90°，重心移至右腿，右膝微屈，左腿放鬆而不動。然後，鬆右肩沉右肘，使右手背對正右肩前，然後微微向前推按。目視正南方。（圖2-11）

【常見錯誤】

右手低於肩，左腳跟移動。

【糾正辦法】

右手背與右肩井穴前後對正。左腿放鬆，左腳不動。

圖2-11

【勁意法訣】

意在右肩井，則右手產生按勁。

【神功妙訣】

意想鼻尖對正右腳大趾，則右掌產生按勁。

【攻防作用】

當對方出右手向我擊來，我以右腕黏住對方手腕向右後上方一引，復以右掌照其面部推去；同時左手向對方背後推抹，對方必仰跌。

第九動　左掌前掤

右掌回收至左臂彎處，左掌向前上舒伸，左掌拇指尖對準鼻尖。同時，左腳跟著地，腳尖翹起。目視正前方（圖2-12）。

左腳落平，左腿屈膝前弓，右腿在後伸直成左弓步。同時，左掌翻轉朝前，左臂向前舒伸；右掌附於左臂彎處，含有向前追左手之意。目視正前方。（圖2-13）

圖2-12　　　　　　　　圖2-13

【常見錯誤】

前手肘尖外拐，只顧前手前推，後手遺忘、落後。

【糾正辦法】

前手肘尖朝地，虎口朝上。兩手同時前伸，暗含後手追前手之意。

【勁意法訣】

眼神先走，前手追眼神，鼻尖找前腳大趾，後手追前手，則掤勁發出。

【攻防作用】

當我左腕與對方之左腕相交時，我先與鼻尖對準對方之左鼻孔，然後發手，即可將對方掤出。

第十動　右掌打擠

左掌屈肘橫置於胸前，高與肩平；右掌根移至左手腕處，與左腕十字交叉。眼向前平視。（圖2-14）

【常見錯誤】

左胯前伸，右胯落後。

【糾正辦法】

左胯回抽，右胯前送。

【勁意法訣】

意想前腿之膝關節找兩手交叉點則產生擠勁。

【攻防作用】

當對方将我左臂時，我順勢進身，屈臂打擠，對方必仰跌。

圖2-14

第十一動　左掌沉採

右腳跟裡收，身體右轉，兩腿屈膝半蹲成半馬步。同時，左掌向右下沉採至右肘下，隨張開虎口，使合谷穴緊貼於右肘外之曲池穴；右臂豎直，右手中指尖朝天，拇指尖與鼻尖前後對正。目平視。（圖2-15、圖2-16）

【常見錯誤】

左手虎口未張開，合谷與右曲池穴未貼緊。步型不規範。

【糾正辦法】

左手虎口張大，使合谷與右曲池穴貼緊，左手虎口含上挑之意，欲將自身挑起至雙腳離地。

【勁意法訣】

意想左手合谷與右曲池穴相貼，右手大指尖與鼻尖前後對正並保持不變。如此則無論向左右轉動，都能產生採勁。

圖2-15　　　　　　　　圖2-16

【攻防作用】

當對方以左肘頂我前胸時，我右臂與對方之上臂中段十字相交，並以左手按住對方左手背往對方左肩井上一合，使對方腰部受折而倒地。

第十二動　弓步頂肘

身體微向左轉，身體重心移至左腿，左腿屈膝前弓，手型不變（圖2-17）。身體右轉，右腿屈膝前弓，左腿在後伸直成右弓步。同時，右手屈肘回收，手心向裡回找右肩井，左手指尖抵住右臂彎處。目順右肘向前平視。（圖2-18）

【常見錯誤】

膝關節尖向裡扣，與肘尖不在一個立面上。

【糾正辦法】

右膝關節向外敞，與右肘尖上下對正。

圖2-17　　　　　　　　　圖2-18

【勁意法訣】

左肘追右肘，右肘產生頂勁。

【攻防作用】

當對方捋我右臂時，我順勢進步插襠，屈肘追腳，必
傷對方胸部。

第十三動　左肩打靠

右臂向前伸直，掌心向下（圖2-19），然後鬆垂於體
前（圖2-20）。左腳向左橫移半步，身體向右扭轉。右手
虎口張開向右後方平扒，左手亦虎口張開追右手，兩虎
口遙遙相對，使左肩頭移向前方（正西方）。目視右手虎
口。（圖2-21）

【常見錯誤】

左腳忘記橫開半步，致使左肩不能前送，靠擊無力。

【糾正辦法】

手往右後移時，左腳向左橫開半步，使左肩往前送，

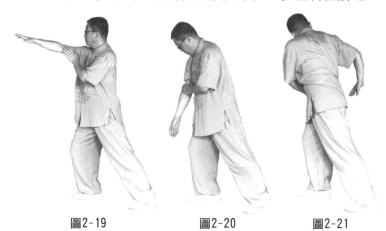

圖2-19　　　　　圖2-20　　　　　圖2-21

與右膝上下對正。

【勁意法訣】

尾骶骨端對正後足跟，則左肩產生靠勁。

第十四動　右掌上挒

兩臂放鬆，身體直立（圖 2-22）。右臂屈肘回收至胸部左側；同時，退身後坐，身體重心移至左腿。右腿伸直，右腳跟著地，腳尖翹起（圖 2-23）。然後右手向前伸直；以手帶身，身體重心向前移至右腿，右腿屈膝前弓，左腿在後伸直成右弓步。同時，左手扶於右脈腕處，伴隨右手向前舒伸。目平視前方。（圖 2-24）

【常見錯誤】

右手伸過頭，偏離右腳。

【糾正辦法】

右手背與右腳背上下對正。過與不及都不是。

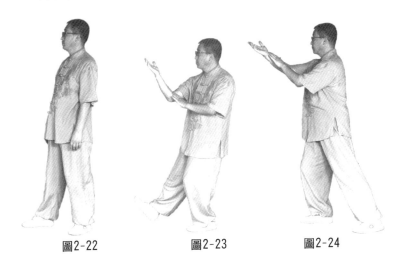

圖2-22　　　　　圖2-23　　　　　圖2-24

【勁意法訣】

捌勁意在蹬後腳，意想後腳蹬地，感覺蹬不著東西了則捌勁出現。上捌勁是前手與後腳相分，以腳為主。

【攻防作用】

當對方以右手抓我右腕時，我右肘向左回掩，右臂外旋，右手心翻轉朝上，左手按住對方手指，然後拿對方之手去找對方之大椎處，即可將對方捌翻。

第十五動　兩掌回捋

身體後退，右手回收至面前，目視右食指（圖2-25）。身體繼續後坐，左腿屈膝下蹲，右腿伸直，右腳尖翹起。同時，右手心翻轉朝外，向右後上回捋，右手食指與右眉梢平，左手隨之右捋，兩手相距15公分，左中指尖與右拇指尖成水平。目視右食指。（圖2-26）

【常見錯誤】

兩手距離太大，左手太高。

圖2-55

圖2-26

【糾正辦法】

按規矩操作，沒有規矩則不成方圓，差之毫釐則謬之千里。

【勁意法訣】

捋勁食指劃眉梢，意想以右食指從左眉梢劃到左眉心，然後手心翻轉向外。再以右手食指甲從右眉心劃到右眉梢。左手追右手，則產生右捋勁（反之亦然）。

【攻防作用】

當對方以右直拳向我面部進攻時，我雙手向右捋化，便可化解對方來拳。

第十六動　右掌前按

右腳尖內扣，尾骶骨右移至右腳跟上方，左腿放鬆，左腳不動（圖2-27）。身體半面向左轉，兩手向左圈按，手心均朝下，右手高與乳頭平，左手高與臍平。目視左前下方。（圖2-28）

圖2-27　　　　　　　　　圖2-28

【常見錯誤】

左手按得過低致使中氣散失。

【糾正辦法】

使左手心與肚臍找平。

【勁意法訣】

目視左前下方,左手拇指追眼神,右手追左手,則產生按勁。

【攻防作用】

當對方以右掌向我胸前擠來,我以左手拇指按其右曲池穴,以右手虎口貼住對方左肩胛骨,目視左前下方,則可化開對方擠勁,並使其向右傾跌。

第三式　摟膝拗步

摟膝拗步

〔歌訣〕

摟膝拗步按又推,左右交替互相對;

三尖相照上下合,或攻或防且進退。

【命名釋義】

此勢名稱來源於術語。左腳在前時推右掌,右腳在前時推左掌,形成左右交叉狀,術語稱之為「拗步」。若是同側手足在前,則稱為順步。

在拳法中講,以手橫摟過膝關節或下按膝關節等動作稱為「摟膝」,是破解敵人以腿、腳進攻我下部的方法,故取此名;但亦可破解敵人上部推按之手。

第一動　左掌下按

身體左轉，右手腕向上勾提至右耳旁，左手向左下方橫移至左胯旁（圖3-1）。左腳向左橫移半步，腳跟著地，腳尖翹起。目視左前下方。（圖3-2）

【常見錯誤】

左手未按而左腳先開。

【糾正辦法】

左腳抽撤避閃，讓左掌下按。

【勁意法訣】

左腿鬆則左掌產生下按勁。

【神功妙訣】

左掌心與左腳大趾尖上下照應，然後意想腳大趾找手心則左掌產生下按勁。

【攻防作用】

當對方出右腳踢我左腿時，我向左轉身並收回左腿，

圖3-1

圖3-2

復以左掌推按對方膝關節，使對方不踢則已，一踢便失衡自行倒退。

第二動　右掌前按

左腳掌慢慢落平，左腿屈膝前弓，右腿在後伸直成左弓步。同時，右手以無名指引導向左腳上方緩緩推按，右臂外旋至右虎口朝天，右肘尖朝地為度，高與肩平。目平視前方。（圖3-3）

【常見錯誤】

右手偏右，與左腳不在同一線上。

【糾正辦法】

意想右手勞宮穴與左腳湧泉穴相合。「上下相隨人難進」。

【勁意法訣】

意想左手摸右腳跟（有意無形），則右掌產生前按勁。

【神功妙訣】

意想左腳右側有一隻與之平行的無形腳，則右掌產生前按勁。

【攻防作用】

當對方踢我時，我左手撥擋，隨進左步以左陽陵貼對方右陰陵，然後鼻尖一找左膝關節，對方必傾；我右手直指對

圖3-3

方的兩眉當中，對方後仰；我繼以右掌按其前胸，致對方
向後跌。

第三動　右掌下按

左手腕向上勾提至左耳旁，右掌向左腳內側下按，使
右手食指與左腳大趾上下在一條線上。目視右手指。（圖
3-4）

【常見錯誤】

右手偏右，手腳不合。

【糾正辦法】

將右手食指與左腳大趾上下對正。

【勁意法訣】

右手食指對正左腳大趾，意想左腳大趾，則右掌產生
下按勁。

【神功妙訣】

意想右脈腕之寸、關、尺，
則右掌產生下按勁。

【攻防作用】

當對方以左腳踢我下部時，
我提左手，按右手照對方膝關節
推掌，對方必倒退。

第四動　左掌前按

抬起頭來，放眼平視。鬆左
胯使右腳向前邁出一步，腳跟著

圖3-4

地,腳尖翹起（圖3-5）。右手向右橫移至右胯側。右腳慢慢落平,右腿屈膝前弓,左腿在後伸直成弓步。同時,左手向右腳上方緩緩推按,左臂外旋,使左虎口朝天,左肘尖朝地,左手高與肩平。目視左手。（圖3-6）

【常見錯誤】

左手偏左,與右腳不合。

【糾正辦法】

左手找右腳,上下相隨,手腳相合。

【勁意法訣】

意想右腳邁出一步,左手意在追前方那隻無形的腳,則按勁產生。

【神功妙訣】

意想右股內側之血海穴,則左掌產生前按勁。

【攻防作用】

當對方踢我未成而後退時,我隨進右步套鎖住對方前腿,出左手推按對方面部。

圖3-5

圖3-6

第五動　左掌下按

右手腕向上勾提至右耳旁，左掌向右腳內側下按，左手食指與右腳大趾上下對正。目視左前下方。（圖3-7）

圖3-7

【常見錯誤】

左手偏左。

【糾正辦法】

左手與右腳相合。

【勁意法訣】

意想右肩井從背後找左環跳，則左掌產生下按勁。

【神功妙訣】

意想左脈腕，則左掌產生下按勁。

【攻防作用】

當對方出右腳踢我下部時，我以左掌推按對方右膝，使對方失去平衡。

第六動　右掌前按

右胯放鬆，使左腳向前邁出一步；左腳跟著地，腳尖翹起。左掌向左橫移至左胯旁。（圖3-8）

左腳慢慢落平，左腿屈膝前

圖3-8

圖3-9

弓,右腿在後伸直成弓步。同時,右掌以無名指引導,緩緩向左腳上方推按,右臂外旋,使右掌虎口朝天,右肘尖朝地,右掌高與肩平。目視前方。(圖3-9)

【常見錯誤】

右手偏離左腳且低於肩,右肘往外拐,手腳不合,肘拐散氣。

【糾正辦法】

右手與左腳上下方向一致,右手背與右肩井前後成水平,右肘尖朝地,右手虎口朝天。

【勁意法訣】

意想尾骶骨端對正後腳跟,則右掌產生前按勁。

【神功妙訣】

意想右脈腕則右掌產生前按勁。

【攻防作用】

當對方右腳落在我左前下方時,我進左步插到對方右腿裡側,並以鼻尖找左膝關節,對方勢必身體失衡傾斜,我趁勢進右手推按對方胸部,致對方仰跌。

第四式　手揮琵琶

手揮琵琶

〔歌訣〕

　　手揮琵琶象形動，拿住敵手任擺弄；

　　擰轉翻扣加前搓，妙手探勾點翳風。

【命名釋義】

　　因為此式是象形動作，即以兩手一前一後同時向斜前方推進，就如懷抱琵琶而揮彈，故取名。

第一動　右掌回採

　　右手屈肘回收至胸前，大拇指尖回找心窩。同時退身後坐，重心移至右腿；左腿放鬆，左腳大趾扒地。目視前方。（圖4-1）

【常見錯誤】

　　左右手都不到位。

【糾正辦法】

　　按規矩認真操練。

【勁意法訣】

　　尾骶骨往右腳跟上坐實，左腳大趾扒地，右手拇指尖找心窩，眼睛往遠處看，則右掌自來回採勁。

【神功妙訣】

　　意想左肩井穴從背後找右環跳

圖4-1

穴，則右掌產生回採勁。

【攻防作用】

當對方抓住我右腕，我先想左手往身後找右腳跟，尾骶骨往右腳跟上坐實，左腳大趾內側一扒地，全身收縮（蜷縮），唯獨眼神往遠處看，則可將對方連根拔起。

第二動　左掌前掤

鬆開右臂與腿上下相合，一合即開（圖4-2）。起左手與右手心相搓，然後向前上方伸出，拇指尖遙對鼻尖，右手附於左臂彎處，左腳尖翹起。目視前方。（圖4-3）

【常見錯誤】

兩手偏左，與右腿不合。

【糾正辦法】

左臂內側與右腿內側相合。所謂內外三合就是往實腿上合。

圖4-2

圖4-3

【勁意法訣】

意想後手找前腳（後手追前手），則左掌產生前掤勁。

【攻防作用】

當對方出右拳向我胸部擊來，我以兩手合抱接住來手，使其難以逃脫，隨即以左腳踢擊其下部。

第三動　左掌平按

左掌內翻使掌心朝下，隨即向右前方斜伸（圖4-4），左腳落平，左腿屈膝前弓，右腿伸直成弓步。右手仍扶著左臂彎處掌心朝上。目視前方。（圖4-5）

【常見錯誤】

左手不到位。

【糾正辦法】

按動作要領操作。

【勁意法訣】

鼻尖找左腳大趾，右臂內側（陰面）與左腿內側（陰

圖4-4　　　　　　　圖4-5

面）相合，則兩手產生組合勁。

【神功妙訣】

意想右肩井穴從背後找左環跳穴，則左掌產生平按勁。

【攻防作用】

拿住對方擊來之手臂，擰轉、滾翻、扣壓、前搓，使對方撲撲跌跌不能自主。

第四動　左掌上掤

身體上起，左臂外旋使左掌心朝天。左腿伸膝立直，右腳跟抬起，腳尖著地（圖4-6），右腳向左腳靠攏並虛著地面。右掌離開左臂向下落於腹前，掌心含有下按左腳之意。目視左手。（圖4-7）

【常見錯誤】

左手偏離左腳，左肘偏離左膝。

【糾正辦法】

左手背與左腳背相呼應，左肘與左膝相呼應。

圖4-6　　　　　　　　　圖4-7

【勁意法訣】

意想右腳中趾摳地，則左手中指尖產生點勁，鼻尖與左腳大趾上下對正，意想左腳大趾則右手產生拿勁。

【神功妙訣】

左手背與左腳面上下對正，意想左腳面，則左掌產生上掤勁。

【攻防作用】

撐住對方左臂，以左手中指尖反向勾點對方之左翳風穴，意想右腳中趾一摳地即成。然後左手伸到對方左臂下方管住對方，右手向右推壓對方左手，此為反關節擒拿法。左手固定則右手推壓，右手固定則左手上托。

第五式　野馬分鬃

野馬分鬃

〔歌訣〕

野馬分鬃左右攻，上步肩靠快如風；

先內合來後外開，兩手一展托天空。

【命名釋義】

此式亦是象形動作。係以身之軀幹喻為馬之頭部，將四肢喻為馬之頭鬃。兩臂左右、上下搖擺，兩腿左右、前後邁動，手足交織，猶如野馬奔騰，故取此名。

第一動　左掌下採

雙腿屈膝半蹲，左腿放鬆，左腳跟虛提，左腳尖虛

圖5-1 　　　　　　　圖5-2

點地面（圖5-1），然後左腳向左前方橫開一步，腳跟著地，腳尖翹起。同時，左掌向右後下方沉採至右腿外側，右手向左側上揚至手背貼于左耳。目視左前上方。（圖5-2）

【常見錯誤】

左腳邁得太靠前。

【糾正辦法】

意注右肩找左胯時自然開步。

【勁意法訣】

意想兩手、肘、肩依次與兩腳、膝、胯之內側交叉相合，則產生下採上托勁。

【神功妙訣】

意想右手食指甲找左耳梢，則左掌產生沉採勁。

【攻防作用】

「來手即要，要即是打」。當對方出右拳擊我胸部，

我則讓其梢節（拳頭）接其中節（抓拿其肘關節），要其根節（肩關節），向右胯旁沉採。如對方出左手打我右耳，我以右手接托對方肘關節向左橫撥，引其落空，名為「狸貓洗臉」勢，並出左步鎖住對方雙腿，蓄勢待靠。此為化、引、拿、蓄。

第二動　左肩打靠

左腳慢慢落平，左腿屈膝前弓，右腿伸直，兩腿成左隅步（比平時步子大一些）。同時兩臂相分，左手向左前上方揚至左小指尖與左耳成水平，右手心與右外踝骨上下對正。目視右後方。（圖5-3）

【常見錯誤】

前手太高，後手太低。

【糾正辦法】

前手小指尖須與左耳成水平，後手心須與右外踝骨成垂直。左手指與右腳趾意念掛勾。左臂與右腿含相合之意。

【勁意法訣】

意想兩肩、肘、手與兩胯、膝、腳交叉相分，則產生整體靠勁。

【神功妙訣】

意想兩腿外側之陽蹻脈，則產生靠勁。

圖5-3

【攻防作用】

以左肩頭貼靠對方右腋下，對方必傾跌。

第三動　右掌下採

右手向左後下方斜採至手背貼左腿外側，左手向右上移至手背貼右耳。同時，收右腳靠攏左腳，腳尖虛點地面（圖5-4），然後右腳向右前橫移一步，腳跟著地，腳尖翹起。目視右前方。（圖5-5）

【常見錯誤】

右腳向前邁得太過。

【糾正辦法】

意注左肩井穴找右環跳穴時自然開步。

【勁意法訣】

意想兩臂內側與兩腿內側相合，則產生化勁與蓄勁。

【神功妙訣】

意想左手食指指甲找右耳梢，則右手產生下採勁。

圖5-4

圖5-5

【攻防作用】

當對方出右手打至我左耳旁時，我以左手接托對方肘關節向右橫撥，使其落空，並出右步鎖住對方雙腿，蓄勢待靠。

第四動　右肩打靠

右腳慢慢落平，右腿屈膝前弓，左腿伸直，兩腿形成右隅步。同時，兩臂分開，右手向右前上方揚至右小指尖與右耳成水平，左手向左後橫移至手心與外踝骨上下對正。目視左後方。（圖5-6）

【常見錯誤】

前手太高，後手太低，失去肩靠勁。

【糾正辦法】

前手須與右耳成水平，後手心與左外踝上下對正。

【勁意法訣】

意想兩手指梢無限伸長則產生靠勁。

【神功妙訣】

意想兩手小指指甲跟外角之少澤穴和兩腳小趾甲跟外角之至陰穴，則產生靠勁。

【攻防作用】

以右肩頭貼靠對方右腋下，兩臂分展，對方必傾跌。

圖5-6

第六式 玉女穿梭

玉女穿梭

〔歌訣〕

　　玉女穿梭織錦緞，眼神引領周身轉；

　　環行四隅掤按採，手足相隨動柔緩。

【命名釋義】

　　此式為象形動作。「玉女穿梭」係神話傳說中玉皇大帝的女兒和侍女們穿梭織錦的情形。此式動作柔緩，左右交織，環行四隅，往復折疊，進退轉換，纖巧靈活，猶如玉女織錦運梭一般，故取此名。

第一動　右腕鬆轉

　　右前臂內旋使右掌心翻轉朝下，左手放鬆弧形向右上托扶于右肘下方。同時，收左腳靠攏右腳。目視右方。

（圖6-1）

圖6-1

【常見錯誤】

　　忽略手指梢的逐個翻轉，不明手指逐個變化的妙用。

【糾正辦法】

　　耐心細緻，手指逐個翻轉。

【勁意法訣】

　　眼看手指，手指閃躲眼神則產生反拿勁。

【神功妙訣】

意想右肩井穴從背後找左環跳穴，則右掌產生向右後的捋帶勁。

【攻防作用】

當對方抓住我右腕往後拽時，我只把意念放在指梢上逐個翻轉，然後一看右肘，則將對方反拿起來；同時進左步鎖住對方雙腿，蓄勢待發。

第二動　左掌斜掤

左腳向前邁出一步，左腿屈膝前弓，右腿伸直成弓步。同時，左手向左腳上方斜伸，右手中指尖扶於左脈腕處。目視左前方。（圖6-2）

【常見錯誤】

左手過早移動。

【糾正辦法】

當身體重心在右腿時，意想右手找左腳，右肘找左膝，右肩找左胯。當身體重心向左腿轉移時，意念轉移到左手並開始移動，這樣才能「養我浩然之氣」，不耗散精、氣、神三寶。

【勁意法訣】

意想左手背沿著右腳外側至左腳面上方運行，則產生斜掤勁。

圖6-2

【神功妙訣】

意想左脈腕之寸、關、尺，則左掌產生斜掤勁。

【攻防作用】

當將對方上下套鎖住時，我伸左手貼住對方左肋，必將對方斜發出去。

第三動　右掌反採

身體後坐，重心移至右腿，左腿舒伸，左腳跟著地，腳尖翹起。同時，左手向左後上方揚起，使拇指尖朝裡，餘指尖朝後，右手沿左前臂內側向下滑落至左肘內側。目視左前方。（圖6-3）

【常見錯誤】

左手舉得太高。

【糾正辦法】

左肘與肩平即可。

圖6-3

【勁意法訣】

意想左手背沿著左腳外側向右腳後跟運行，則產生反採勁。

【神功妙訣】

意想開左極泉穴（位於腋窩正中），則左掌產生反採勁。

【攻防作用】

當對方出右手抓我左腕

時，我向後坐身，左手黏住對方手掌，手臂旋轉沉肘鬆肩，即可將對方連根拔起。

第四動　右掌前按

左腳慢慢落平，左腿屈膝前弓，右腿伸直成弓步。右掌沿左腳上方向前推按。目視前方。（圖6-4）

【常見錯誤】

右手偏右，與左腳不合。

【糾正辦法】

右手與左腳上下相合。

【勁意法訣】

意想左手心托頂，食指指尖回指眉梢，則右掌產生前按勁。

【神功妙訣】

意想左腳掌著地，則右掌產生前按勁。

【攻防作用】

當對方出右手向我攻擊，我以左手黏其手臂引進落空，復以右掌推按其胸部，對方必仰跌。

第五動　左掌右轉

身體右轉，左腳尖儘量向內扣轉，右腳跟虛提，腳尖點地。同時，左手以食指

圖6-4

圖6-5

尖引導向右耳垂後圈插，右手下落於身體左側下方。目視右方。（圖6-5）

【常見錯誤】

向右後轉身時，往後退身移動重心。

【糾正辦法】

轉身時左胯往下鬆落。

【勁意法訣】

空胸緊背，左食指追著眼神走，則產生旋轉勁。

【神功妙訣】

眼神往右後看，左食指追眼神，則左掌自然向右轉。

【攻防作用】

當對方從身後將我抱住時，我只要空胸緊背身子一轉，必將對方甩出。

第六動　右掌斜掤

展開左臂使左手向左後方橫移，手指向遠方。同時，右腳向右後撤步，腳尖點地（圖6-6）。然後，以左手食指尖引導往右後方回圈。同時，收右腳跟，身體右轉，右手沿左臂下方向右斜掤，右腿屈膝前弓，左腿伸直成弓步。目視右手。（圖6-7）

【常見錯誤】

前手不到位或超過前腳。

圖6-6　　　　　　　　　　　　　圖6-7

【糾正辦法】

注意手腳上下呼應，手動就想腳。

【勁意法訣】

意想右手背經過左腳向右橫移到右腳上方，則產生斜掤勁。

【神功妙訣】

意想右脈腕，則右掌產生斜掤勁。

【攻防作用】

當對方以右手從我身後抓住我右肩時，我扭頭向右後看對方太陽穴，並以左手抓住對方右手，往右耳後抽送，然後轉視東南方，以右腳鎖住對方雙腿，復以左手圈到對方背後，隨伸右手插到對方肋間，致其驚恐而後跌。

第七動　右掌反採

退身後坐，重心移至左腿，右腿舒伸，右腳尖翹起。同時，右掌向右後上方揚起，拇指尖朝裡，其餘指尖朝

圖6-8

後，左手沿右前臂內側向下滑落至右臂彎處。目視右臂彎。（圖6-8）

【常見錯誤】

右手舉起過高。

【糾正辦法】

右手拇指尖與頭平齊為度。

【勁意法訣】

意想右手背沿著右腳外側往腳後跟繞行，則產生反採勁。

【神功妙訣】

意想開右極泉穴，則右掌產生反採勁。

【攻防作用】

趁對方進手之勢，借對方來手之力，我以右腕黏住對方腕臂向外旋腕，並向後坐身，即可使對方失衡，造成有利於我的進擊之勢。

圖6-9

第八動　左掌前按

右腳慢慢落平，右腿屈膝前弓，左腿伸直成弓步。同時，左掌離開右臂彎，沿右腳上方向前推按，左掌食指與右腳大趾上下對正。目視前方。（圖6-9）

【常見錯誤】

只顧左手用力推，忘了右手。

【糾正辦法】

前手推按後手追，合力進擊。

【勁意法訣】

開右極泉穴，則左掌產生按勁。

【神功妙訣】

意想右腳大趾，則左掌產生前按勁。

【攻防作用】

當對方左手向我頭部擊來時，我以右臂托架護頭，以左手推按對方胸部，防中有攻，攻防兼備。

第九動　兩掌內合

退身後坐，重心移至左腿，右腿向左橫移至左腳前。同時，右手前探向左橫移，右臂外旋，使右拇指正對鼻尖為度，左手中指尖扶於右臂彎處。目平視。（圖6-10）

【常見錯誤】

右手未向遠處探就回收。

【糾正辦法】

右手要先往遠處伸探出去，然後再向左橫移，腰往後移動時帶右手收回，並帶動右腳移動。

【勁意法訣】

意注兩腿內側之陰蹻脈，

圖6-10

則兩掌自然內合,產生回收內合勁。

【攻防作用】

對方從中間進擊,我則以兩翼夾攻,用左右手鉗住對方肘腕,利用槓桿之法傷其肘關節。此為防中寓攻之法。

第十動　右掌下採(又名劈掌)

腳步不變,右掌向前、向下沉採至膝前,指尖朝下,掌心朝左;同時,左手食指尖找右耳尖,指尖朝上,掌心朝右。目平視前方。(圖6-11)

【常見錯誤】

意想右手不想左手,因左腿為實,與之交叉相通的右手為死手,既不可放意念,亦不可用力。

【糾正辦法】

要把意念放在與虛腿交叉相通的左手上。老子曰:「反者道之動」「無為而無不為」。即反向思維法。

【勁意法訣】

意想左手食指找右耳尖,則右掌產生下採勁。

【神功妙訣】

意想左腳大趾,則右掌產生下採勁。

【攻防作用】

當對方抓住我右腕,我以左手食指尖找右耳尖,即可將對方採空撲跌。

圖6-11

第十一動　右腳橫移

左胯鬆，左肘沉，使右
腿變輕，身體微向右轉，右
腳隨向右橫移，腳跟著地，
腳尖翹起。目視右前方。（圖
6-12）

圖6-12

【常見錯誤】

落腳時腳跟蹬地作響。

【糾正辦法】

意想沉左肘，左肩井找右環跳，則右腳自會輕輕橫
移。

【勁意法訣】

邁步不想腳，意想實腿、墜肘、鬆肩。

【神功妙訣】

右肩井穴反找左環跳穴，則右腳自然向右橫移。

【攻防作用】

此為套鎖步，意在鎖住對方腿後進右肩靠擊對方，是
待發狀態。

第十二動　右肩打靠

右腳慢慢落平，右腿屈膝前弓，身體左轉，左腿在後
伸直。同時，右手向前上方揚至小指尖正對右耳尖為度，
左手向左橫擺至與左腳外踝骨上下對正。目視向左後方。
（圖6-13）

圖6-13

前手舉得太高，使右肩失去靠勁。

【糾正辦法】
前手不超過同側耳梢為度。

【勁意法訣】
意想手足交叉相分，則產生整體靠擊勁。

【神功妙訣】
意想右手合谷穴與左腳太衝穴，則產生靠勁。

【攻防作用】
撥開對方來手，以右肩頭貼緊對方胸肋間，兩臂分展時，眼神離開對方，扭頭看左後方，則將對方靠倒。

第十三動　右腕鬆轉

圖6-14

身體右轉，收左腳向右腳靠攏，腳尖點地。同時，右臂內旋，使右手心翻轉朝外，大指朝地，小指朝天；左手弧形向右、向上移至右肘下，使手心托住右肘。目視右肘外。（圖6-14）

【勁意法訣】
意想右側手、肘、肩，則產生化、引、拿勁。

【神功妙訣】

意想右肩井穴反找左環跳穴，則右手腕產生向右後将帶勁。

【攻防作用】

當對方抓住我右腕時，我意想右曲池穴，則右腕自動翻轉，反拿住對方手腕並向右後引帶，給左手出擊造成有利態勢。

第十四動　左掌斜掤

右胯一鬆，左腳向左前橫開一步，腳跟著地，腳尖翹起。然後身體左轉，左腳慢慢落平，左腿屈膝前弓，右腿在後伸直成弓步。同時，左手沿右臂下方向左橫移至手背與左腳上下對正，右手指尖附於左脈腕處隨右手橫移。目視左前方。（圖6-15）

【勁意法訣】

意想左手背經右腳繞到左腳，則產生斜掤勁。

【神功妙訣】

意想左脈腕，則左掌產生斜掤勁。

【攻防作用】

右手反刁對方右腕，出左腿鎖住對方後腿，左手橫插於對方肋間，意想左腳面，即可將對方掤出去。

圖6-15

圖6-16

第十五動　左掌反採

退身後坐，重心移至右腿，左腿舒伸，左腳尖翹起。同時，左掌向左後上方揚起，右臂漸向內旋並向下滑落置於左肋旁。目視前方。（圖6-16）

【勁意法訣】

意想左手背沿著左腳外側向後繞至右腳後，則左掌產生反採勁。

【神功妙訣】

意想開左極泉穴，則左掌產生反採勁。

【攻防作用】

當對方抓我左腕時，我先順隨，隨即往後坐身，一揚左臂即可將對方採起。「一落即起謂之採」。

圖6-17

第十六動　右掌前按

左腳尖內扣並慢慢落平，身體微右轉，左腿屈膝前弓，右腿在後伸直成弓步。同時，右掌朝左腳上方向前推按，掌心朝前，右食指與左腳大趾上下對正。目向前平視。（圖6-17）

【勁意法訣】

意想左腳向前邁出一步，右手緊追左腳，則產生前按勁。

【神功妙訣】

意想左手托天，則右掌產生前按勁。

【攻防作用】

當對方右手抓我左腕時，我以右掌推按對方胸部。

第十七動　左掌右轉

右腳跟回收，左腳尖內扣，身體向右後扭轉。同時，左掌以食指尖引導向右耳後圈插，右掌鬆落於左後下方。右腳跟虛離地面。目右視。（圖6-18）

【勁意法訣】

眼神向右後方看，左手追眼神，則身自右轉。

【神功妙訣】

左手食指追找右耳尖，眼神想要看右耳尖，則身體自動向右轉。

【攻防作用】

當對方從背後摟抱我時，我空胸緊背將對方黏住，同時身體向右後扭轉，致對方雙腳離地而身不由己。

第十八動　右掌斜掤

鬆開左臂，左手向左橫

圖6-18

圖6-19　　　　　　圖6-20

擺，右腳向後方撤步，腳尖虛點地面（圖6-19）。左腳尖
內扣，身體右轉，右腿屈膝前弓，左腿在後伸直成弓步。
同時，右手沿左臂下方向右橫移，左手中指附於右脈腕
處伴隨右移，至右手背與右腳上下對正。目視前方。（圖
6-20）

【勁意法訣】

意想右手背經左腳向右橫移到右腳上方，則產生斜搠
勁。

【神功妙訣】

右手鬆握拳，然後開拳，拇指先開，指甲蓋朝地，而
後食指、中指、無名指、小指依次伸開。如此則右掌產生
斜搠勁。

【攻防作用】

同第六動。

圖6-21　　　　　　　　　圖6-22

第十九動　右掌反採

同第七動。（圖6-21）

第二十動　左掌前按

第八動。（圖6-22）

第七式　肘底看捶

肘底看捶

〔歌訣〕

肘底看捶沖天炮，攻擊下頜如雷爆；

沉採致敵向前傾，被動挨打無法逃。

【命名釋義】

肘底看捶，又名「肘下看捶」或「葉底藏花」，屬太

極拳五捶之一。即左肘直立，左拳面朝上，右拳放在左肘尖下，故名。具有極強的進攻性，既是擊人之法，又是發人之法。

第一動　上步按掌（上步刁挒或挒按）

右掌向前平推，使左腳向前邁出一步，腳跟著地，腳尖翹起。然後，左腳慢慢落平，左腿屈膝前弓，右腿在後伸直成弓步（圖7-1）。兩手向左後下方刁挒按壓，左手在左胯後，右手在左膝外側為度。目視前方。（圖7-2）

【常見錯誤】

低頭看地。

【糾正辦法】

目往遠處看。

【勁意法訣】

鼻尖找左膝關節，眼往遠處看則產生刁挒按壓勁。

圖7-1

圖7-2

【神功妙訣】

意想左肩井穴反找右環跳穴,則兩掌產生刁捋按壓勁。

【攻防作用】

當對方用左拳擊打我胸部時,我以右手食指尖指其眼,以左手刁其腕,然後右手抓捋其肘上,眼往遠處一看,身向前傾,一下就把對方連根拔起而向我左後傾跌。

第二動　左拳上提（左拳上衝）

退身後坐,重心移至右腿。左腿舒伸,左腳跟著地,腳尖翹起(圖7-3)。同時,左手變拳,向前上提至食指中節正對鼻尖;右手變拳置於左肘下方,拳眼與左肘尖相貼。目平視。(圖7-4)

【常見錯誤】

右拳與左肘尖不相接,肘、拳偏左,與右膝不在一個立面上。

圖7-3

圖7-4

【糾正辦法】

左拳食指中節對鼻尖，左肘尖對右膝關節，收腹，使右拳眼與左肘尖相貼。

【勁意法訣】

意想右腳大趾，則左拳往上衝擊。

【神功妙訣】

意想右膝蓋尖找左肘尖，則左拳產生上衝勁。

【攻防作用】

當對方出右拳擊我面部時，我以右手刁挒其手腕向下沉採，並以左拳衝擊對方下頜骨。若對方左拳擊來，我則以左手刁挒其手腕，以右拳擊打對方下頜。

第八式　金雞獨立

金雞獨立

〔歌訣〕

金雞獨立一腿撐，刁住手腕往裡擰；

先行扣壓後上挑，提膝頂襠必索命。

【命名釋義】

此式為仿生學象形動作。雞有獨立之能。武術、戲劇、雜技、舞蹈多有模仿，稱為「金雞獨立」。本式即以一條腿支撐全部體重，而另一腿屈膝提起，形如雞單腿獨立，故取此名。

第一動　雙掌滾壓

左腳掌慢慢落平，左腿屈膝前弓，右腿在後伸直成弓步。同時，右拳變掌向左後下方扣壓，左拳變掌向上伸至右耳旁。目視左後下方。（圖8-1）

圖8-1

【常見錯誤】

右手按得太低，散氣。

【糾正辦法】

右手扣壓不低於肚臍。

【勁意法訣】

意注左腿內側，則右手臂產生扣壓勁。

【神功妙訣】

意想左肩井穴反找右環跳穴，則右手臂產生扣壓勁。

【攻防作用】

當對方出左拳擊我胸部時，我以右手虎口扣住對方手腕，左手推掐對方咽喉。

第二動　右掌上掤（上挑）

右掌沿左臂外側向前上方直挑，中指尖指天，左掌向前、向下使中指尖指地（圖8-2）。然後，左腿伸膝立直，右腿屈膝提起。目視前方。（圖8-3）

【常見錯誤】

獨立平衡不穩，搖搖晃晃。

圖8-2　　　　圖8-3

【糾正辦法】

鼻尖與左腳大趾、右手中指尖與左腳大趾，三點擺在一垂直線上，二目平視前方。

【勁意法訣】

意想左手中指往下指，則右手產生上挑勁。

【神功妙訣】

意想右側睪丸向上抽提（女子抽提右乳），則身體產生「獨立向上如日升」之感。

【攻防作用】

當對方出右拳擊我胸部時，我左手刁住對方手腕往裡一擰，隨將右臂穿插至對方右臂下方，左手下壓，右臂上挑，將對方挑起，隨提右膝頂擊對方襠部。

第三動　雙掌滾壓

左臂放鬆使右腳向前下方落步，右腿屈膝前弓，左腿在後伸直。同時，左手虎口向右後方扣壓，右臂外旋虎口朝上，

身體前俯並向右扭轉。目視右後下方。（圖8-4）

【常見錯誤】

左手往下伸，鬆鬆散散。

圖8-4　　　　　　　　　圖8-5　　　　　　　圖8-6

【糾正辦法】

左手往右後方伸探，略高於左肘尖。

【勁意法訣】

意想右肩井穴從背後找左環跳穴，則左手產生扣壓勁。

【神功妙訣】

意想提右膝，則左手臂產生扣壓勁。

第四動　左掌上掤

左掌沿右臂外側向前上方直挑，掌心朝上；右掌向前、向下指按，掌心向下（圖8-5）。同時，右腿伸膝立直，左膝提起。目視前方。（圖8-6）

【常見錯誤】

直立不穩。

【糾正辦法】

意想提實腿一側之睪丸（女子提乳）或提實腿側之陰蹻脈，則會有「獨立如日升之感」，且支撐腳也有升空之感。

【勁意法訣】

意想右手中指尖向下指，則左掌產生上挑勁。

【神功妙訣】

意想右腳蹬地，則左膝產生上頂勁（提膝頂襠）。

【攻防作用】

當對方出左手擊來，我以右手刁捋其左腕，隨以左臂伸到對方左臂下作為支點，用右手下壓對方手腕將其撬起；同時，提起左膝撞擊對方襠部。此招屬致命絕招，不可玩笑。練習時，只挑不頂。

第九式　倒攆猴

倒攆猴

〔歌訣〕

倒攆猴頭防且攻，足退手進鎖喉頸；

順勢誘敵向前撲，腦後一擊必致命。

【命名釋義】

太極拳術將退步過程中腰胯向後的移動稱為倒攆，是將對手比擬為猴，在與猴搏鬥時，以一手誘之使其前撲，人則退步，邊退邊用手交替向前擊其頭部，使之不能近身，故取此名。

在技法上，既是防禦，又是進攻。若對方撲來，則以退為進，避開後以掌反擊其頭頸部。

第一動　右掌反按

圖9-1

腳步不變，右臂外旋使右掌心翻轉朝前，指尖朝下，左掌懸腕向左耳旁勾提，右掌向前下推按。目視前下方。（圖9-1）

【常見錯誤】

動作隨意不規範。

【糾正辦法】

正確動作，兩手協調。兩掌虛合，右起左落，左提右掖。

【勁意法訣】

意注命門穴，則右掌產生反按勁。

【神功妙訣】

意想左手勾提，則右掌產生反按勁。

【攻防作用】

當對方出右手向我進擊，我則以右臂接住來手，由裡而外纏繞一圈，復以掌推按對方的腹部。

第二動　左掌前按

左腳向後撤步，右腿屈膝成弓步。同時，左掌向前推按，右掌下按至右胯旁，掌心向下。目平視前方。（圖

9-2）

圖9-2

【常見錯誤】

右臂鬆垂。

【糾正辦法】

右肘尖向後、向上提。

【勁意法訣】

意想右肩井穴從身後去找左環跳穴，則氣貫左指梢。

【神功妙訣】

意想開右極泉穴（位於腋窩正中），則左掌產生前按勁。

【攻防作用】

當對方以右手摟我左腳時，我以右手习住對方來手，然後向後牽拉引帶，隨出左手拍擊對方後腦。

第三動　左掌下按

退身後坐，重心移至左腿，右腿舒伸，右腳跟著地，腳尖翹起。同時，右手移至身前，然後從下向上勾提至虎口貼近右耳；左掌向右前下方舒伸，使食指與右腳大趾上下對正。目視右前下方。（圖9-3）

【常見錯誤】

只顧動手，不轉腰。

圖9-3

【糾正辦法】

意想左側腰子（腎臟）下降，右側腰子上提，並以左腰為軸向右扭轉。

【勁意法訣】

右肩井穴從背後找左環跳穴，則左掌產生下按勁。

【神功妙訣】

意想右腳找左手，則左掌產生下按勁。

【攻防作用】

當對方出左手進擊，我以左手刁住來手向下沉採，使對方向前傾跌，給我退步打擊創造有利條件。

第四動　右掌前按

左掌先摸右膝、後摸左膝，然後擺至身體左側，掌心朝後（圖9-4）。右腳向後退步，左腿屈膝前弓，右腿在後伸直成左弓步。同時，左掌向下繞一平圓後向左後方回抽，右手朝左腳上方推按。目視前方。（圖9-5）

圖9-4　　　　　　　　　　　圖9-5

【常見錯誤】

只顧動右手，不動左手。

【糾正辦法】

動右手不想右手而想左手，左腿為實腿時，要把意念始終放在左手上。

【勁意法訣】

左肩井穴從背後找右環跳穴，則右掌產生前按勁。

【神功妙訣】

意想虛提左腳，則右掌產生前按勁。

【攻防作用】

當對方右拳擊來，我以左手刁住對方手腕向左後方牽拉，使其前傾，隨以右手拇指尖點擊對方頸部死穴。

第五動　右掌下按

退身後坐，重心移至右腿，左腿舒伸，左腳跟著地，腳尖翹起。同時，右掌找左腳，使掌心與右腳大趾上下對正，左掌由下向上勾提至左耳旁。目視左前下方。(圖9-6)

圖9-6

【常見錯誤】

右手、左腳不合。

【糾正辦法】

注意手腳相合。

【勁意法訣】

左肩井穴從背後找右環跳

穴，則右掌產生下按勁。

【神功妙訣】

意想左腳尖找右手，則右掌產生下按勁。

【攻防作用】

當對方右拳擊來，我刁住對方右手身往後坐，隨即以右手找左腳，則將對方按空而前栽。

第六動　左掌前按

右掌從下向上、向右移至右側（圖9-7）。左腿後撤一步，右腿屈膝前弓成右弓步。同時，右手在身前逆時針繞一平圓後移至右胯旁，左手向前推按，與右腳上下相照，高與肩平。目平視前方。（圖9-8）

【常見錯誤】

左手偏左，與右腳不合。

【糾正辦法】

左掌從右腳上方向前推按。

圖9-7

圖9-8

圖9-9　　　　　圖9-10　　　　　圖9-11

【勁意法訣】

右肩井穴從背後找左環跳穴,則左掌產生前按勁。

【攻防作用】

牽住對方右手抖一圈後向右後方引帶,使對方頭部前傾,我則以左掌按擊對方之頭、面、頸部或後腦。

第七動　左掌下按

同第三動。(圖 9-9)

第八動　右掌前按

同第四動。(圖 9-10、圖 9-11)

第九動　右掌下按

同第五動。(圖 9-12)

圖9-12　　　　　　圖9-13　　　　　　圖9-14

第十動　左掌前按

同第六動。（圖9-13、圖9-14）

第 十 式　斜 飛 勢

斜飛勢

〔歌訣〕

　　斜飛展翅如雄鷹，近身逼靠側面攻；

　　上臂下腿剪刀合，致敵失衡身難穩。

【命名釋義】

　　此式兩臂分合張閉動作，猶如雄鷹展翅斜飛翱翔太空，又如飛來黃鶴倒伸腿勢，故取此名。

第一動　左掌斜掤

　　左手張開虎口向左前上方托架外撐，拇指尖朝地，

圖10-1

小指朝天，右手向右後下方回扒。目視左手虎口。（圖10-1）

【常見錯誤】

左手虎口張不開，拇指尖不朝下。

【糾正辦法】

意想左手合谷穴，虎口就能張開，左前臂內旋，拇指尖則朝向地面。

【勁意法訣】

意想右手摸左腳跟，則右手虎口產生斜掤勁。

【神功妙訣】

意想合谷穴張開虎口，則左掌產生斜掤勁。

【攻防作用】

當對方以右拳向我左側面部打來時，我則以左掌虎口卡住對方上臂裡側，使其不能打到，這叫截勁。

第二動　左掌下捋

收左腳向右腳靠攏，腳尖虛點地面。同時，左手從左前上方捋採至右胯外側，右手從右後下方向左上移動至左耳旁。目視左前上方。（圖10-2）

【常見錯誤】

兩手走斜線而未走弧線。

【糾正辦法】

兩臂伸展，兩手要最大限度地畫弧線。

圖10-2　　　　　　　圖10-3

【勁意法訣】

意在右手向左後上畫弧，則左掌產生下採勁。

【神功妙訣】

意想右手食指指甲蓋找左耳梢，則左掌產生下採勁。

【攻防作用】

當對方以左掌向我右耳擊來時，我以左掌往右後下方採採對方右臂，右手托住對方左肘向左上方橫撥，兩手合力將對方兩臂鎖住，然後以左腿勾住對方腳跟後的委中穴，兩手向前一推，對方勢必仰面跌倒。

第三動　左腳前伸

左腳向左前方橫移一步，腳跟著地，腳尖翹起，兩手動作不變。（圖10-3）

【常見錯誤】

左腳向前邁得太遠。

【糾正辦法】

兩腳相距一腳半寬的距離，給下一動打擊創造有利條件。

【勁意法訣】

左手指尖往右後下方舒伸，則左腳自動前伸。

【神功妙訣】

意想左肩井穴反找右環跳穴，則左腳自然前伸。

【攻防作用】

將左腿放在對方兩腿後面，將對方兩腿套鎖住，然後實施有效打擊。

第四動　左肩左靠

左腳慢慢落平，左腿屈膝前弓，右腿在後伸直成弓步。同時，兩臂向左前和右後兩側分展，形似白鶴斜飛。目視前方。（圖10-4）

圖10-4

【常見錯誤】

左臂偏左，與左腿上下不合。

【糾正辦法】

使左上臂與左大腿上下對正。

【勁意法訣】

手臂相分則產生靠勁。

【神功妙訣】

意在右手往後擺，則左

肩產生左靠勁。

【攻防作用】

套索對方兩腿後，將體重移至前腿，兩臂分展，對方必然傾斜倒地。

第十一式　提手上勢

提手上勢

〔歌訣〕

提手上勢勾提打，左按右提把敵發；

手追眼神氣催勁，點擊神庭意透啞（啞門穴）。

【命名釋義】

此式是以屈腕、屈肘向上勾提，如提勾秤。實際作用是以手腕部向上擊對方下頜，故取此名。

第一動　半面右轉

右腳尖外擺，左腳尖內扣，身體半面向右轉。同時，右掌向前上方畫弧置於小腹前，掌心斜向上（圖11-1），左掌附於右臂彎內側。目平視前方。（圖11-2）

【常見錯誤】

右手偏右。

【糾正辦法】

右手背正對左腳面，右臂與左腿內側相合。

【勁意法訣】

右肩井穴從背後找左環跳穴，身自向右轉。

圖11-1　　　　圖11-2　　　　圖11-3

【神功妙訣】

兩眼注視右前方，則身體自向右轉。

【攻防作用】

當對方以左拳擊我右肋處，我以左手按住對方左手腕，右臂伸到對方左臂下，左手一按，右臂一挑，把對方挑起至雙腳離地摔倒。

第二動　左掌打擠

右臂屈肘橫置於胸前，左掌前移至右腕內側呈十字相交狀。同時，右腿屈膝前弓，左腿在後伸直。目平視前方。（圖11-3）

【常見錯誤】

左手指鬆搭在右腕上，鬆軟無力。

【糾正辦法】

左手推按右腕，五指展開。

意想右腳慢慢落平，則產生擠勁。

意想開右極泉穴，則產生擠勁。

當對方左拳向我擊來，我先將來手向左捋採，然後將右臂橫置於對方胸前，同時以右腿套住對方左腿，左手推擠對方。

第三動　右掌變勾

左腳向右腳靠攏，腳跟虛著地面。同時，右掌變勾手，勾尖朝下，右手腕向上勾提；左掌翻轉下按，掌心向下。目視前方。（圖11-4）

右肘不垂，擊打無力。

使右腕與右肘尖上下成垂直。

意在左掌下按，則右腕自動向上提打。右手五指似抓一小球，則腕部產生掤勁。

意想左掌按右腳面，感到右腳有向上的反作用力時，右腕產生勾提勁。

圖11-4

【攻防作用】

當對方托我兩肘時，我則以左掌下按，右掌變勾手，以腕部擊打對方下頜。

第四動　右勾變掌

右勾手變掌，向前上方伸直，掌心向外。仰視上空。（圖11-5）

【常見錯誤】

左腳過早踏實。

【糾正辦法】

左腳底保持虛空。因為左腳一變實，右手就失去擊打能力。

圖11-5

【勁意法訣】

手追眼神，擊打有勁。眼上手上，眼下手下。神走、意追、氣催、勁到。

【神功妙訣】

意想左掌往右橫移，則右掌產生撲按勁。

【攻防作用】

當對方右拳擊來，我以左手採住其右手腕，以右手中指尖點擊對方神庭穴，意透至啞門穴。

白鶴亮翅

第十二式　白鶴亮翅

〔歌訣〕

　　白鶴亮翅張手臂，單展雙展飛任意；

　　亮翅本是擒拿法，控住一臂制整體。

【命名釋義】

　　本式為象形動作。兩臂先單展後雙亮，猶如白鶴舒展羽翅，故取此名。

第一動　俯身按掌

　　身體前俯，左手鬆垂，手心朝裡，指尖朝下；右掌屈肘橫置於頭頂前上方，手背對正頭頂，指尖朝左。目視前方。（圖12-1）

【常見錯誤】

　　身體向下蹲坐。

【糾正辦法】

　　兩腿立直。

【勁意法訣】

　　眼看左手指，意想百會穴，神意不同處，內勁自然來。

【神功妙訣】

　　意想頭頂百會穴，則右掌產生掤按勁。

圖12-1

【攻防作用】

當對方以右拳向我擊來，我以左手反扣對方右腕向下沉採，以右掌拍擊對方面部。

第二動　向左扭轉

左手向下，手心翻轉朝外，向左橫移至左膝外側。此時身體前俯向左扭轉，身體重心移至左腿。目隨手移，俯視左前下方。（圖12-2）

【常見錯誤】

左手離腿過遠，使右手失去掤勁。

【糾正辦法】

左手運轉應貼近左腿。

【勁意法訣】

意在左手中指、食指和拇指逐個躲眼神，左手圍繞左膝繞行90°，如此則右手產生掤勁。

【神功妙訣】

意注左手手指外旋，則上體向左扭轉。

【攻防作用】

當對方身體與我貼近，我以右手橫托對方身體上部，左手鬆垂旋轉，將對方由右向左掤出。

第三動　左掌上掤

圖12-2

身體直立，左掌向上緩緩抬

圖12-3　　　　　　　　圖12-4

起，掌心向上，高與肩平，右掌不變。目視左掌（圖12-3）。

　　左臂屈肘並旋轉使掌心向外，雙掌同時向頭頂上方舉起，掌心向前，指尖朝天。目視頭頂上方。（圖12-4）

　　【常見錯誤】

　　動作草率，做不到位。

　　【糾正辦法】

　　掌握動作要領。

　　【勁意法訣】

　　意在左手無名指，中指舒伸，凸掌心，則左掌產生上掤勁。

　　【神功妙訣】

　　意想左手無名指挺伸，則左掌產生上掤勁。

　　【攻防作用】

　　當對方以右拳向我擊來，我以右手刁住對方右手腕，

左臂伸到對方右臂下方，將對方掤起，使其雙腳離地傾倒。

第四動　兩肘下垂

兩臂外旋，使兩掌心翻轉朝後，鬆肩墜肘至兩腕橫紋與肩同高為度。收腹鬆腰，雙腿屈膝下蹲，重心移至左腿，右腳變虛。二目向前平視。（圖12-5）

【常見錯誤】

兩肘墜得太低，兩手開得太寬。

【糾正辦法】

兩手腕的橫紋與肩同高，兩手小指與肩頭同寬。

【勁意法訣】

中指指天，掌心突出，鼻尖找肚臍，則兩手背產生前掤勁。

圖12-5

【神功妙訣】

意想膝找肘，則兩肘產生沉採勁。

【攻防作用】

我右手旋擰對方右腕，左手臂黏住對方右臂往裡翻轉，左臂下壓，對方必被滾壓前栽。

第十三式　海底針

海底針

〔歌訣〕

　　海底針勢進摟推，反拿敵腕插地錐；

　　沉採推按點海底，敵方失衡足下跪。

【命名釋義】

因其做法是手指像針似的向下栽插，故取此名。此式有向下的採法和拿法，還有向前點刺對方腋下之海底穴的功法。

第一動　左掌下按

身體微左轉，重心移至右腿，左腳變虛。左掌鬆落於左前下方，掌心朝下，指尖朝左（正東方）；右掌變勾手，虎口貼近右耳。目視左前下方。（圖13-1）

【常見錯誤】

腳步重滯。

【糾正辦法】

腳步既能後躍，又能前躥；既可躲閃，又能追逐。即蹬前腳則往後躍，蹬後腳則往前躥，輕便靈活。

【勁意法訣】

左腿鬆淨，則左掌產生下按勁。

圖13-1

【神功妙訣】

左手食指與左腳大趾上下對正，意想左腳大趾則左掌產生下按勁。

【攻防作用】

當對方向我身體左側踢來，我隨向右側躲閃，並以左掌按壓對方膝部。

第二動　右掌前按

左腳向左前方開步，左腿伸直，腳跟著地，腳尖翹起（圖13-2），左腿屈膝前弓，右腿在後伸直成弓步。同時，左掌向左橫移至左膝外側，右掌向左腳上方推按，右臂外旋，使右手虎口朝天，肘尖朝地，手背與肩平。目平視前方。（圖13-3）

【常見錯誤】

右手推得太過。

圖13-2　　　　　　　　圖13-3

【糾正辦法】

右手勞宮穴與左腳湧泉穴感覺相通為度，兩肩與兩胯保持上下平正，不可偏斜。

【勁意法訣】

意想左肩井穴從背後找右環跳穴，則右掌產生前按勁。

【神功妙訣】

右手食指與左腳大趾對正。意想左腳大趾，則右掌產生前按勁。

【攻防作用】

當對方右腳向我踢來時，我左手向下撥格，右掌用力推按對方胸部。

第三動　右掌前指

退身後坐，重心移至右腿，左腿舒伸，左腳尖翹起。右手食指尖從上向前指出。目視正前方。（圖13-4）

【常見錯誤】

手未前指便向後撤步。

【糾正辦法】

手先向前指，身再向後退。

【勁意法訣】

鬆開右臂向前上方伸出，此為慣性順遂。

圖13-4

【神功妙訣】

意想右腳大趾，則右手食指產生前指勁。

【攻防作用】

當對方抓住我右腕時，我右手隨對方用力前指，利用慣性使對方失衡。

第四動　右掌下指

收左腳向右腳靠攏，腳尖虛點地面，雙腿屈膝下蹲。同時，右手食指尖回指自己的右腳大趾，左手以食指貼緊右耳梢。目視前下方。（圖13-5）

【常見錯誤】

身體向下蹲得太低。

【糾正辦法】

右手指尖下指到膝關節即可，雙腿半蹲即可。

【勁意法訣】

意想右手小指甲外側之少澤穴，沿後谿、經少海到腋下之極泉穴，則產生沉採勁。

【神功妙訣】

意想左食指甲找右耳梢，則右掌產生下指勁。

【攻防作用】

當對方抓我右腕時，我以左手輕輕扶於對方之右手指上，然後右手以食指向下栽指，對方便會跪倒在地。

圖13-5

第十四式　扇通背（臂）

扇通背

〔歌訣〕

　　扇通臂勢似扇展，功法本是托挑穿；

　　右手反拿敵之手，左掌直奔腋下扇。

【命名釋義】

　　此式係象形動作，即將自己的腰（脊椎），比喻為摺扇之扇軸，兩臂比喻為扇之邊骨，腰一轉動而帶動兩臂向兩側分張，猶如摺扇之突然開放與突然收合一般，故取此名。

第一動　兩臂前伸

　　左腳向前邁出，腳跟著地，腳尖翹起。同時，右手緩緩向前上抬至與肩平，掌心朝下；左掌隨之向前伸出，掌心朝上，兩掌心有虛合之意。目平視前方。（圖14-1）

【常見錯誤】

　　食指尖往上挑或直臂上提。

【糾正辦法】

　　當右掌下採時，意想右手臂的下面，從前往後想。當右手上抬時，意想右手臂的上面，從後往前想，這樣升降起落就自如了。

圖14-1

【勁意法訣】

意想右肩井、曲池、合谷穴，則產生上挑勁。從後往前想，根節、中節、梢節，便生勁把人挑起。

【神功妙訣】

意想大椎穴，則兩掌自然前伸。

【攻防作用】

當下採對方遇到掙扎時，順勢抬起右手刁拿捋帶，使對方右肋暴露在外，給我進攻機會。

第二動　左掌前按

左腳尖內扣，身體右轉，兩腿屈膝半蹲成馬步。同時，左掌向前推按，右掌回抽至頭頂右上方，掌心朝天。目視左前方。（圖14-2）

【常見錯誤】

兩臂分展太過，與兩腿不合，上下不相隨，架子散亂，內氣不和。

【糾正辦法】

拳架雖然是拉開的，但手腳、肘膝、肩胯卻是上下相呼應。這樣周身一家，勁是整的，內氣也和。

【勁意法訣】

意想腰部的命門穴（扇軸），則兩手產生架打勁。

圖14-2

【神功妙訣】

意想右手心托天，則左掌產生前按勁。

【攻防作用】

我以右掌架起對方右臂，隨進左步，以左掌根直擊對方右肋部。

第十五式　左右分腳

左右分腳

〔歌訣〕

左右分腳高探馬，手砍腳踢帶擒拿；

屈肘回收誘敵入，出手砍喉似刀拉。

【命名釋義】

左右分腳，包括左右高探馬，即左高探馬右分腳，右高探馬左分腳。左右各二式，動作兩兩對稱。所謂高探馬，即手掌向前探出，形如探身跨馬之勢。所謂分腳，也就是說以腳面繃平，用腳尖踢胸點肋，兩足左右分踢之意，故取此名。

第一動　兩掌虛合

右腳尖內扣，重心移至右腿，收左腳向右腳靠攏，腳尖虛點地面。同時，左臂外旋使左掌心翻轉朝上，隨屈肘回收至左胸前，指尖朝前；右掌前伸向左，使掌心朝下橫置於左掌心，指尖朝左，兩掌虛合。目平視前方。（圖15-1）

圖15-1

【常見錯誤】

兩掌心不相對。

【糾正辦法】

要做到兩掌心相對而不相接，即兩掌虛合。

【勁意法訣】

左臂旋轉屈肘回收為化解沾黏引帶勁，與右掌舒伸轉守為攻是相輔相成之勁。

【神功妙訣】

意想左手外勞宮穴（手背），則兩掌自然虛合。

【攻防作用】

當對方以右手抓我左手腕時，我左臂外旋，屈肘回收，將對方引至身前，隨出右掌橫擊其喉部。

第二動　兩掌分伸（左高探馬）

左腳向左前方斜出一步，腳尖翹起（圖15-2），隨即左腿屈膝前弓，右腿在後伸直成弓步。同時，左手虎口張開向左平開，右手向前上方直伸。目視右前上方。（圖15-3）

【常見錯誤】

右手偏離右腳。

【糾正辦法】

右手與右腳上下前後要保持在個立面上。

圖15-2　　　　　圖15-3　　　　　圖15-4

【勁意法訣】

意想左環跳穴往左腳外踝骨上鬆落，則兩掌產生掤勁。

【神功妙訣】

意想左大腿後正中之殷門穴（藝稱「佛坐蓮台」），則兩掌分伸，且產生掤勁。

【攻防作用】

當對方以右拳向我胸部擊來時，我以左手虎口卡住對方右腕，隨向左下方沉採，並以右掌外沿砍擊對方頸部。

第三動　右掌回捋

右掌從右前上方向左後下方回捋至左腿外側，手心朝外，指尖朝後下；同時，左手經面前繞至手背貼近右耳，上體向左扭轉。目視左後下方。（圖15-4）

【常見錯誤】

頭過低。

【糾正辦法】

頭往上頂，脊柱挺直。

【勁意法訣】

尾骶骨找右腳跟，則右掌產生回採勁。

【神功妙訣】

意想左肩井穴反找右環跳穴，則右掌產生回採勁。

【攻防作用】

當我往左下方沉採對方右手時，對方必定會掙扎，我便順勢將對方右手帶至身前，然後向對方背後直推。

第四動　兩掌交叉

右臂內旋，使手心翻轉朝外與左手腕相交叉。抬起頭來，目向兩掌方向平視。（圖15-5）

【神功妙訣】

意想肩井穴，則兩掌交叉前掤。

第五動　兩掌高舉

左腿伸膝立直，右腿屈膝提起。同時，兩掌向上高舉超過頭頂，兩掌分開與肩同寬，體微向右扭轉。目轉視右前方。（圖15-6）

【神功妙訣】

意想開腋下之極泉穴，則兩掌自然高舉。

圖15-5

圖15-6   圖15-7

第六動　兩掌平分

兩掌向左、右分展，高與肩平，兩掌大指尖均朝天。
同時，右腳向右前方踢出。目視右前方。（圖15-7）

【常見錯誤】

右腳蹬得太高，近乎舞蹈或舞臺化表演，非真正技擊
術。

【糾正辦法】

分腳是用腳尖踢胸點肋，不可過高。

【勁意法訣】

意想左手中指尖無限延長，則勁貫於右腳尖。可踢可
點。

【神功妙訣】

意想左脈腕之寸、關、尺，則兩掌自然平分，且右腳
在不知不覺中自動踢平。

圖15-8

當對方以右拳擊我面部時，我先以兩掌交叉托架，然後以右手刁住對方右腕向右平帶，使其右肋暴露出來，我便以右腳尖踢點。

第七動　兩掌虛合

右腳跟落地，腳尖翹起。右手向左後下回收，左手從左後向右移至右肩前，兩臂成交叉虛合狀。目視右前方。（圖15-8）

【勁意法訣】

左手五指對準右腳五趾，意想右腳趾回找左手指，則手指產生掤勁。手指腹屬陰，腳趾甲屬陽，陰陽一相合則產生掤勁。

【神功妙訣】

意想右血海穴，則兩掌交叉虛合。

【攻防作用】

當對方從右側推我右上臂時，我右手往左下方斜插，張開左手向對方的面門處掤出。

第八動　兩掌分伸

右腳落平，右腿屈膝前弓，左腿在後伸直成弓步。同時，右掌虎口張開向右平開，左掌向左前上方直伸。目視左前上方。（圖15-9）

圖15-9   圖15-10

【勁意法訣】

意想右環跳穴往右腳外踝上方鬆落，則兩掌產生掤勁。

【神功妙訣】

意想右大腿後正中之殷門穴，則兩掌產生分伸勁。

【攻防作用】

當對方出左拳擊我胸部時，我以右手虎口卡住對方左腕向右下方沉採，隨以左掌外沿劈擊對方之頸部。

第九動　左掌回捋

左掌從左向右後下方回捋至右肋外側；同時，起右掌向上、向左橫移至手背貼近左耳。上體略向右轉。目視右後下方。（圖15-10）

【勁意法訣】

尾骶骨端找左足跟，則左掌產生回捋勁。

圖15-11   圖15-12

【神功妙訣】

右肩井穴反找左環跳穴，則左掌產生回捋勁。

第十動　兩掌交叉

左掌心翻轉朝外，隨向上抬至與右手兩腕相交叉，兩掌心均朝外。目向兩掌交叉方向平視。（圖15-11）

【神功妙訣】

意想肩井穴，則兩掌交叉前搌。

第十一動　兩掌高舉

身體略向左扭轉，兩掌向上高舉。同時，右腿伸膝立直，腿屈膝提起。目平視左前方。（圖15-12）

【神功妙訣】

意想開腋下之極泉穴，則兩掌自然高舉。

【攻防作用】

對方出拳擊來，我兩手架接對方之來手，然後左手刁住對方右腕，準備發左腳踢擊對方之右肋。

第十二動　兩掌平分

兩掌同時向左前、右後分展，高與肩平，兩掌大指均朝天。同時，發左腳向左前方踢出。目視左前方。（圖15-13）

【常見錯誤】

後手低，前手高。

【糾正辦法】

後手略高於前手。

【勁意法訣】

意想右手中指無限延長，則勁貫左腳尖。物極必反，可踢可點。

【神功妙訣】

意想右脈腕之寸、關、尺，則兩掌自然平分，且左腳在不知不覺中自動踢平。

【攻防作用】

同右分腳，唯姿勢相反。

圖 15-13

第十六式　轉身蹬腳

轉身蹬腳

〔歌訣〕

　　轉身蹬腳把身旋，提膝外轉敵腳攔；

　　刁其手腕往裡擰，發腳蹬胯致敵殘。

【命名釋義】

　　此式屬於較高難度的平衡動作。以右腿單腿支撐體重不變，在左膝上提、左腳懸垂不落的狀態下，由面朝東向左後轉成面朝正西方，扭轉180°，然後把腳踢出去，故取此名。

第一動　兩拳交叉

　　兩手握拳，兩腕交叉於胸前。同時，收回左腳屈膝上提。視線不變。（圖16-1）

【常見錯誤】

左腳落地。

【糾正辦法】

左腿屈膝上提，左腳懸而不落。

【勁意法訣】

意想兩腿內側之陰蹻脈，則產生內合勁。

【神功妙訣】

意想右肘與左膝相合。則兩拳自然交叉。

圖16-1

【攻防作用】

當對方出右手擊來，我則以左手刁其手腕往裡擰轉，待發腳踢擊。

第二動　提膝轉身

右腳尖內扣，身體左轉，雙手不變。目視前方。（圖16-2）

圖16-2

【常見錯誤】

左腳落地。

【糾正辦法】

左膝儘量往左上提。

【勁意法訣】

意想左膝關節找左耳朵，則身自左轉。

【神功妙訣】

右拳心找左耳，則身體自轉。

【攻防作用】

當對方以腳踢我，我則以膝橫打。

第三動　兩掌高舉

兩手開拳變掌，隨向上伸舉。目視前方。（圖16-3）

圖16-3

【常見錯誤】

自立不穩。

【糾正辦法】

右膝伸挺，則可立穩。

【勁意法訣】

意想兩手高攀在一枝橫伸的樹枝上，則左腳生蓄勁。

【神功妙訣】

意想開極泉穴，則兩掌自然高舉。

【攻防作用】

此為左蹬腳的蓄勢。

第四動　兩臂平分

兩手分展，使臂伸直，高與肩平，兩手拇指尖均朝上。同時，發左腳向左前方蹬出，力點在腳跟，高與胯平。目視前方。（圖16-4）

【常見錯誤】

腳抬得過高，近乎舞蹈或舞臺表演。

圖16-4

【糾正辦法】

蹬腳專蹬胯骨處，此處極易骨折，一腳擊倒，使對方戰鬥力喪失。所以腳抬過高，誤事又無用。

【勁意法訣】

意想左睪丸欲展翅飛揚，則左腳自來蹬勁。

【神功妙訣】

意想右脈腕之寸、關、尺，則兩臂自然平分，且左腳在不知不覺中自動踢平。

【攻防作用】

當對方以右腳蹬我而被我左膝撥退落地時，我即發左腳蹬其右胯。

第十七式　進步栽捶

進步栽捶

〔歌訣〕

　　進步栽捶進摟推，左右攻防巧迂迴；

　　抓筋閉脈敵退縮，趁勢下擊栽地捶。

【命名釋義】

「進步」即腳步向前移動兩步以上。「栽捶」即拳面朝下，從上往下栽擊。進步栽捶為拗步前進，意想右拳猶如握一樹苗，往深坑內栽植，故取此名。

第一動　左掌下按

左腳跟落地，腳尖翹起。同時，右臂放鬆，右掌變勾手，回收於右耳旁，

左掌翻掌下按於左膝上方。目視前方。（圖17-1）

圖17-1

【常見錯誤】

左腳跟落地時。重而有聲。

【糾正辦法】

右手腕向上勾提，則左腳落地無聲。

【勁意法訣】

意想右肩井穴從背後找左環跳穴，則左掌產生下按勁。

【神功妙訣】

左手食指與左腳大趾上下對正，意想左腳大趾，則左掌產生下按勁。

【攻防作用】

當對方以右腳踢我，我則以左掌撥按對方膝關節，隨後以右掌推擊對方胸部。

第二動　右掌前按

左腳落平，左腿屈膝前弓，右腿在後伸直成弓步。同時，右掌向左前上方推按，右臂外旋，使右手虎口朝天，右肘尖朝地。目視前方。（圖17-2）

【常見錯誤】

右掌低於肩。

【糾正辦法】

「掌不離肩」。右掌

圖17-2

背之外勞宮穴與右肩井穴成水平。

【勁意法訣】

尾骶骨找後腳跟，則右掌產生前按勁。

【神功妙訣】

意想左血海穴，則右掌產生前按勁。

【攻防作用】

當對方以右腳踢我，我則以左手摟開對方來腿，隨進左步貼靠，復以右掌推擊對方面部或按對方胸部，對方必仰跌。

第三動　右掌下按

左掌變勾手，向上勾提至左耳旁；同時，右掌向下按至左膝前。目視前下方。（圖17-3）

【常見錯誤】

右手偏右，與左腳不合。

【糾正辦法】

右手心（勞宮穴）與左腳心（湧泉穴）要互相感通，按掌才有合勁、整勁。

【勁意法訣】

意想提左耳梢，則右掌產生下按勁。

【神功妙訣】

意想右腳大趾找右掌心，則右掌產生下按勁。

圖17-3

【攻防作用】

當對方以右掌推按我胸部時，我左手貼身向上勾提，化解對方之推按勁。對方又以左腳踢我下部，我則以右掌撥按對方膝關節，使其上下皆落空。

第四動　左掌前按

右腳向前邁出一步，腳跟著地，腳尖翹起（圖17-4），右腳落平，右腿屈膝前弓，左腿在後伸直成弓步。同時，左掌向前上方推按，右手隨之鬆落於右胯旁。目視前方。（圖17-5）

【常見錯誤】

左掌低於肩，胸部憋氣。

【糾正辦法】

左掌背應與左肩成水平。

【勁意法訣】

意想右手摸左腳，則左掌產生按勁。

圖17-4　　　　　　　　　　圖17-5

【神功妙訣】

意想右血海穴，則左掌產生向前按勁。

【攻防作用】

當對方以左腳踢我下部時，我以右手摟開其左腿，復進右步至對方左腿內側貼靠，再出左掌推擊對方面部或按其胸部，對方必仰跌。

第五動　左掌下按

右掌變勾手，由下向上勾提至右耳旁，左掌向下按至右膝前。目視前下方。（圖17-6）

【常見錯誤】

左掌偏左，手腳散亂。

【糾正辦法】

左手與右腳相合。

【勁意法訣】

意想右手腕向上勾提，則左掌產生下按勁。

【神功妙訣】

意想左腳大趾找左掌心，則左掌產生下按勁。

【攻防作用】

當對方出右腳踢我下部時，我以左掌撥按其右腿。

圖17-6

圖17-7　　　　　　　　圖17-8　　　　　　　　圖17-9

第六動　右拳下栽

右手握拳，左腿向前邁出一步，腳跟著地，腳尖翹起（圖17-7）。右拳照左腳上方直伸，右臂內旋，使右拳眼轉朝地面（圖17-8）。同時，左腳落平，左腿屈膝前弓，隨之右拳舉起向左腳前栽擊，左手扶於右手腕處。目視前下方。（圖17-9）

【常見錯誤】

右拳偏右，與左腳不合。

【糾正辦法】

以右拳打自己的左腳，拳腳相合。

【勁意法訣】

意想左腳外踝骨反找右拳，則右拳產生巨大的栽擊勁。

【神功妙訣】

左肩井穴反找右環跳穴，則右拳產生下栽勁。

【攻防作用】

當對方出右拳擊我面部時，我以右手接其右腕，左手接其肘下，順勢往右回帶使其落空。

第十八式　翻身撇身捶

翻身撇身捶

〔歌訣〕

翻身撇身捶用法，一打太陽二背胯；

第三金絲纏腕手，致敵跪地被擒拿。

【命名釋義】

此式指身體由前往後扭轉180°，利用離心力將拳、掌向外拋出去的形態，故取此名。

第一動　右拳上舉

左腳尖內扣，右腳尖外擺（圖18-1）。身體向右扭轉，右臂屈肘，肘尖向右後上方頂擊，左手指尖抵於右臂彎處（圖18-2）。

身體繼續向右後扭轉，右臂伸直，右拳向前上方舉起，左掌心推按右拳眼。右腳向右開步，腳跟著地，腳尖翹起。目視右拳上方。（圖18-3）

圖18-1

圖18-2　　　　　　　　圖18-3

【常見錯誤】

回身頂肘時，身體重心換到右腿變成右弓步。

【糾正辦法】

此動身體重心一直在左腿，保持不變。

【勁意法訣】

意想尾骶骨對準左腳跟，眼神往右後上看，則身體旋轉自如，發勁得心應手。

【神功妙訣】

右肩井穴反找左環跳穴，則右拳自然上舉。

【攻防作用】

當對方從我身後襲來，我右後轉身，邊躲閃邊以右肘頂擊對方，復以右拳擊打對方太陽穴。

第二動　右肘下採

右腳落平，右腿屈膝前弓，左腿在後伸直成弓步。

圖18-4　　　　　　　　圖18-5

同時，右臂屈肘收至右膝上方，左手追隨右拳眼下移（圖18-4）。然後，左掌沿右拳面下移至右拳底部，手心朝上，托住右拳；右拳變掌，掌心朝前，指尖朝上，左右兩掌橫豎相交而不相接。目視前方。（圖18-5）

【常見錯誤】

兩掌心相對。

【糾正辦法】

掌心要錯開，以左掌置於右腕下為度。

【勁意法訣】

尾骶骨對準後腳跟，則右肘產生下採勁。

【神功妙訣】

右拳跑，左掌追，右肘產生下採勁。

【攻防作用】

當對方以右手抓我右腕時，我則以右肘尖下採後帶，複以「金絲纏腕」之法切擸其手腕，對方必立即跪地。

第十九式　二起腳

二起腳

〔歌訣〕

二起腳法踢蹬端，手掌沉採砍動脈；

刁住敵腕反撐臂，發腳蹬胯把敵敗。

【命名釋義】

此式指左右兩腳逐步連續起落，交替踢蹬，故取此名。

第一動　提手開步

兩掌向身體右側上提，右掌置於右肩上方，左掌置於右肋旁。同時，左腳向前邁出一步，腳跟著地，腳尖翹起。目平視。（圖19-1）

【勁意法訣】

意想右肩井穴從背後找左環跳穴，則催動左腳向前邁出。

【神功妙訣】

意想右肩井穴反找左環跳穴，則自然提手開步。

第二動　兩掌分伸

兩掌向左橫移至身體左側，右手虎口套於左耳廓，左手在

圖19-1

下，掌心朝上，指尖朝前，身體隨向左轉（圖19-2）。然後，左腳落平，左腿屈膝前弓，右腿在後伸直成弓步（圖19-3）。左手張開，虎口向左平開，右手向前上方直伸。目視右前上方。（圖19-4）

【常見錯誤】

左手太高。

【糾正辦法】

左手與膝平。

【勁意法訣】

意想左環跳穴落在左腳外踝骨上，則兩手產生掤勁。

【神功妙訣】

意想左大腿後正中之殷門穴，則兩掌產生分伸勁。

【攻防作用】

當對方出右拳擊我胸部時，我以左手虎口接住來手向左下方沉採，復以右掌外沿砍擊對方頸部之頸動脈。

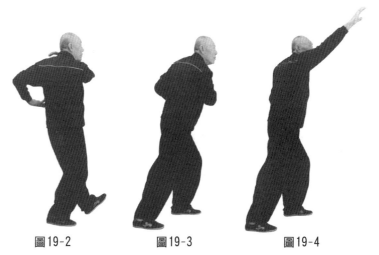

圖19-2　　　　　圖19-3　　　　　圖19-4

圖19-5　　　　　　　　　圖19-6

第三動　右掌回捋

　　右掌從前上方向左後下方捋回至左胯旁，左掌從左向上再向右繞至右耳旁。目視左後下方。（圖19-5）

【常見錯誤】

單走右手。

【糾正辦法】

用右手，想左手。兩手相反相成，繞圓畫圈。

【勁意法訣】

意想左手繞上弧，則右手產生回捋勁。

【神功妙訣】

意想左肩井穴反找右環跳穴，則右掌產生回捋勁。

第四動　兩掌交叉

　　抬頭豎項，身體右轉。右手翻掌心朝外並向上抬起，隨後與左手腕交叉。目視右前方。（圖19-6）

【勁意法訣】

尾骶骨對準右腳跟，則兩手產生托架勁。

【神功妙訣】

意想肩井穴，則兩掌交叉前掤。

【攻防作用】

當對方出右拳向我擊來，我以兩手交叉之架勢接來手，防中寓攻。

第五動　兩掌高舉

兩腕分開，兩掌向上高舉超過頭頂。以手帶身，身隨手起，左腿伸膝立直，右腿屈膝提起。目視前方。（圖19-7）

【常見錯誤】

站立不穩。

【糾正辦法】

意想提左睪丸（女子提腿內側之陰蹻脈）。

【勁意法訣】

意想兩手攀在一枝橫伸的樹枝上，則蹬腳的蓄勁產生。

【神功妙訣】

意想開極泉穴，則兩掌自然高舉。

【攻防作用】

此為右手抻拉對方之右臂，

圖19-7

準備蹬擊對方胯骨的過渡姿勢。

第六動　兩掌平分

左右兩掌向前後平分，兩臂展平，兩掌大指尖均朝上。同時，右腳向前蹬出。目視前方。（圖19-8）

【常見錯誤】

後手低，前手高。

【糾正辦法】

後手略高於前手。

【勁意法訣】

意想左腳蹬地，則反向右腳貫蹬勁。

【神功妙訣】

意想左脈腕之寸、關、尺，則兩掌自然平分，且右腳在不知不覺中自動踢平。

【攻防作用】

當對方右拳向我擊來，我以右手刁住對方右腕反擰其臂，隨起右腳蹬其胯骨。

圖19-8

第二十式　左右打虎勢

左右打虎勢

〔歌訣〕

左右打虎勢生威，刁捋沉採萬物催；

拖拉引帶揚長去，轉身躲閃雙拳揮。

【命名釋義】

此式既是象形動作，又是仿生動作。僅左右披閃，雙拳並舉而言，則形似打虎之勢，但其定勢卻像爬山虎的姿態。虎有三絕技：撲衝、尾掃、胯靠。本式開始動作，形如虎撲，如探爪、刁捋、沉採。拖拉引帶，則像猛虎捕獲獵物拖走之勢，故名。

第一動　兩掌下合

右腳回收，右腿屈膝上提。同時，兩臂內合於胸前，右手中指尖指向左臂彎處（圖20-1）。然後，右腳落於右前下方，腳跟著地，腳尖翹起。兩掌同時下落，右掌置於左膝上，左掌置於左膝外側。目視左手。（圖20-2）

【常見錯誤】

開始時上體搖晃，站立不穩。

圖20-1

圖20-2

圖20-3

【糾正辦法】

意想上下肢左右交叉相合就站穩了。

【勁意法訣】

意想兩手中指尖左探右點，則將對方來手制住。右手摸左膝，則可將對方採倒。

【神功妙訣】

意想左鶴頂穴（左膝蓋上方後邊凹陷處），則兩掌自然下合。

【攻防作用】

當對方以右拳擊我胸部時，我以左手指尖向右回圈前探，以中指尖點擊對方右眼；另以右手向左回圈，以中指尖點擊對方右肘上之曲池穴。

第二動　兩拳並舉

右腳尖外擺，右腳落平，右腿屈膝前弓，左腿在後

伸直成弓步（圖20-3）。兩掌
沿左膝、經右膝畫弧變拳向右
上方舉起，高與頭平，右拳面
向南，拳眼向東，左拳眼扶於
右肘尖下。目視正東方。（圖
20-4）

【常見錯誤】

左拳眼與右肘尖不相貼，
左腳尖與右腳尖方向不一致。

【糾正辦法】

左拳眼貼右肘尖，左腳尖內扣。

【勁意法訣】

意想右拳小指方向。

【神功妙訣】

意想左肩井穴反找右環跳穴，則兩拳並舉貫擊。

【攻防作用】

右手抓住對方右手腕，左
前臂伸到對方右臂下方，左掌
心一凸，就把對方整個拿住。

第三動　兩掌回捋

右腳尖內扣90°，身體向
左扭轉。同時，右拳向左貫擊
（圖20-5）。然後，左腳後撤
一大步，腳尖點地。兩拳變

圖20-4

圖20-5

圖20-6   圖20-7

掌,隨向正東方伸探(圖20-6),兩掌向後、向左回捋。同時,兩腳以腳尖為軸,先收左腳跟,後蹬右腳跟,使兩腳尖均朝正北方。目視左前下方。(圖20-7)

【常見錯誤】

腳底亂動。

【糾正辦法】

右打虎勢是以腳跟為軸,即右腳尖外擺,左腳尖內扣。左打虎勢是以腳尖為軸,腳跟轉動,即左腳跟往裡收,右腳跟往外蹬。

【勁意法訣】

意想左腳內側之公孫穴,則兩掌產生回捋勁。

【攻防作用】

當對方用拳擊我身體左側,我則向左轉身避閃,並用右拳貫擊對方太陽穴或後腦,用左拳擊對方章門穴(軟肋處)。

第四動　兩拳並舉

兩掌變拳，左拳從左膝上方舉起，拳眼朝東，高與頭平，右拳眼貼于左肘尖下方。目視正東方。（圖20-8）

【常見錯誤】

右拳眼不貼左肘尖。

【糾正辦法】

右拳眼儘量貼左肘尖。

【勁意法訣】

意想左拳小指側，目視正東方，神意不同處，則勁貫拳頭。

【神功妙訣】

意想右肩井穴反找左環跳穴，則兩拳並舉貫擊。

【攻防作用】

當對方以腳蹬我右胯時，我則舉左拳，回頭看便可閃開對方的腳。

圖20-8

第二十一式　雙風貫耳

雙風貫耳

雙風貫耳快如風，騰挪避閃提步蹬；

卦形火雷噬嗑象，兩拳擊耳致敵懵。

【命名釋義】

單掌打耳光，名為「單耳貫風」；雙拳貫擊耳門，名為「雙風貫耳」。

第一動　兩拳高舉

左腿伸膝立直，右腿屈膝提起。兩拳高舉至頭頂上方，身體略向右轉。目視正東方。（圖21-1）

【常見錯誤】

身體搖擺，站立不穩。

【糾正辦法】

意想兩手攀在一橫伸樹杈上，便站穩。

【勁意法訣】

意想抽提睪丸，則利於右腿避閃。

【神功妙訣】

意想兩手掛在樹枝上，則立身穩定。

圖21-1

【攻防作用】

此動是騰挪避閃對方之腳蹬，而後反蹬其胯的待發狀態。

第二動　兩掌平分

兩拳變掌，向前後平分，兩手大指尖均朝上，兩臂分展，高與肩平。同時，右腳向正東方蹬出。目平視。（圖21-2）

圖21-2

【常見錯誤】

前手高，後手低。

【糾正辦法】

後手略高於前手。

【勁意法訣】

意想左腳蹬地，則勁貫於右腳。

【神功妙訣】

意想左脈腕則兩掌自然平分，右腳自動踢平。

第三動　兩掌下採

右腳下落，腳跟著地，腳尖翹起。兩掌下落於身前，右手背貼於右膝上，左手背貼於右手心上（圖21-3）。接著，右腳落平，右腿屈膝前弓，左腿在後伸直成弓步。同時，兩掌變勾手從左右兩側繞回腰後，兩掌心貼於腰間，

圖21-3　　　　　　　　　　圖21-4

兩中指對接。目視前方。（圖21-4）

【常見錯誤】

動作隨意不認真。

【糾正辦法】

按動作要求做。

【勁意法訣】

意想肚臍回收，則兩掌產生下採勁。

【神功妙訣】

意想命門，則兩掌下採；意想肚臍，則兩掌後帶。

【攻防作用】

當對方從身前來摟抱我時，我則空胸，用下插掌楔入中間，隨向外掤撐，將對方掤出。

第四動　兩拳相對

兩掌向後下方一推，分左右兩側甩向面前，手背相對，隨即攢拳，兩拳面相對，拳心均朝外，拳眼朝地。目

視前方。（圖21-5）

圖21-5

【常見錯誤】

兩手過早握拳，拳眼相對。

【糾正辦法】

兩手不到面前不握拳。不要用拳面對擊。

【勁意法訣】

鼻尖對正前腳大趾，意想前腳大趾，則兩拳產生對擊勁。

【神功妙訣】

意想開極泉穴，則兩拳產生對擊勁。

【攻防作用】

當對方向我面前撲來時，我以兩拳貫擊對方之兩耳。當手背貼上對方之耳門時，兩拳攢緊對擊。

第二十二式　披身踢腳

披身踢腳

〔歌訣〕

披身踢腳閃身法，避實擊虛把腳發；

兩臂交叉屈膝蹲，起腳蹬踢上下打。

【命名釋義】

披身即是閃身，指躲閃開對方進攻之勢，再發腳踢擊對方之意。

圖22-1

第一動　兩拳右轉

以右腳尖為軸進腳跟，身體右轉。同時，右拳向右平移，左拳隨右拳移動。目視左前方。（圖22-1）

【常見錯誤】

轉體不夠。

【糾正辦法】

動作規範。

【勁意法訣】

意在右拳心向右橫拉。

【神功妙訣】

意想右肩井穴反找左環跳穴，則兩拳自然右轉。

【攻防作用】

當對方抓住我兩臂時，我以右拳向右平移，即可使對方傾跌。

圖22-2

第二動　兩拳交叉

兩前臂外旋內合，使兩拳交叉於胸前。同時，兩腿屈膝下蹲成歇步，左膝抵於右腿膕窩處，左腳尖著地，腳跟翹起。目視左前方。（圖22-2）

【常見錯誤】

兩腿交叉，左腿被臀部壓住，難於發腿。

【糾正辦法】

左膝抵於右腿膕窩，左腳腳跟朝上，腳尖朝下，腳尖虛點地面。

【勁意法訣】

意想上下四肢內側交叉相合。

【神功妙訣】

意想命門穴，則身體四肢收縮。兩拳自然交叉。

【攻防作用】

當對方兩手抓住我兩臂彎處時，我兩手張開，鬆肩、墜肘使兩前臂豎直；然後兩前臂交叉，兩腿屈膝下蹲，空胸緊背，則將對方兩手指挾緊、擰裹、絞纏，致其疼痛難忍又無法逃脫。

第三動　兩拳高舉

右腿伸膝立直，左腿屈膝提起。同時，兩拳向上高舉過頭頂。目視左前方。（圖22-3）

【常見錯誤】

身體搖擺，站立不穩。

【糾正辦法】

意注右耳梢就立穩了。

【勁意法訣】

意想兩手抓住吊環。

圖22-3

【神功妙訣】

意想開極泉穴，則兩拳自然高舉。

【攻防作用】

此動是踢腳的待發狀態，即從披身到踢腳的過渡姿勢，也就是由蓄到發的中間環節。

第四動　兩掌平分

兩手開拳變掌，隨向左前右後平分，兩手拇指尖均朝上。同時，左腳向左前方踢擊。目視左前方。（圖22-4）

【常見錯誤】

前手高，後手低。

【糾正辦法】

後手略高於前手。

圖22-4

【勁意法訣】

意想右腳蹬地，則勁貫左腳。

【神功妙訣】

意想左脈腕寸、關、尺，則兩掌自然平分。

【攻防作用】

當對方兩手抓住我兩前臂時，我兩臂分開，隨即以腳蹬踢對方。

第二十三式　回身蹬腳

回身蹬腳

〔歌訣〕

　　回身蹬腳向右旋，大張虎口往外翻；

　　縮身下蹲看得準，有的放矢蹬敵髖。

【命名釋義】

　「回身」即回轉身體或身體迴旋、旋轉。此式以向右轉體180°而分腿蹬擊之意，故取此名。

第一動　左腳右轉

　以右腳為軸，身體向右旋轉，左腳下落，腳尖點地，兩手姿勢不變。目視前方。（圖23-1）

【神功妙訣】

　兩手虎口大張向外翻，則左腳自然右轉。

第二動　兩拳交叉

　左腳落平踏實，重心移至左腿，右腳變虛，身體繼續向右轉，左腿屈膝下蹲，右膝微屈起，右腳尖虛點地面。同時，兩掌變拳，拳心朝裡，兩腕部交叉。目視前

圖23-1

圖23-2

圖23-3

方。（圖 23-2）

【勁意法訣】

兩手虎口大張並外旋，則身體自會向右旋轉180°，全身蜷縮下蹲，兩拳自然交叉。

【神功妙訣】

空胸緊背，則兩拳自然交叉。

第三動　兩拳高舉

左腿伸膝立直，右腿屈膝提起，右腳懸垂。同時，兩拳向上舉起，高過頭頂，拳心翻轉朝外。目視右前方。（圖 23-3）

【常見錯誤】

自立不穩。

【糾正辦法】

意提左睪丸，則獨立如日升，就連實腳也有騰空之

感。

【勁意法訣】

意想提左耳梢，則立身舉拳。

【神功妙訣】

意想開極泉穴，則兩拳自然高舉。

【攻防作用】

提右膝，躲右胯，準備反蹬。

圖23-4

第四動　兩掌平分

兩手開拳變掌，隨向左後右前平分，兩掌大指尖均朝天。同時，右腳向前蹬出。目視前方。（圖23-4）

【常見錯誤】

蹬出的腳高於胯。

【糾正辦法】

腳與胯平。

【勁意法訣】

意注右掌根，則勁貫左足跟。

【神功妙訣】

意想左脈腕之寸、關、尺，則兩掌自然平分。

【攻防作用】

兩手架起對方右臂，然後向後引帶，隨後右腳蹬對方胯骨。

第二十四式　撲面掌

撲面掌

〔歌訣〕

　　撲面掌法左右攻，滾轉沉採需先行；

　　上步套鎖對方腿，前掌撲面敵後傾。

【命名釋義】

　　此式動作係以手臂部滾壓對方擊來之手，復以另一手掌撲蓋對方之面部，故取此名。

第一動　左掌下按（左掌滾壓）

　　左腿屈膝向下蹲坐，右腳跟著地，腳尖翹起。同時，左掌從左上向右下方推按，指尖朝右；右手回抽至右肋旁，手心朝上（圖24-1）。右腳落平，右腿屈膝前弓，左腿在後伸直成右弓步。同時，左手翻手心朝上，手背貼蓋右膝，右手不變。目視下方。（圖24-2）

圖24-1　　　　　　　　　圖24-2

【常見錯誤】

動作鬆散，做不到位。

【糾正辦法】

規範動作。

【勁意法訣】

意在右手屈肘回抽，則左手產生滾轉下壓勁。

【神功妙訣】

意在右肩井穴反找左環跳穴，則左掌產生下按勁。

【攻防作用】

當對方出左拳擊我胸部時，我以左手臂沾住對方手臂滾轉沉採，對方必然前傾，為我撲蓋其面部造成有利之勢。

第二動　右掌前按

抬起頭來向前看，右手向前上方伸舉至掌心對正眼睛，左手虛捧於右肘尖下方（圖24-3）。然後，左腳蹬地，右掌翻手心向前撲按。目視前方。（圖24-4）

【常見錯誤】

右手心低於眼睛就往前撲；左手與右肘尖上下沒有對正；撲面時身往後退。

【糾正辦法】

右手心提到與眼睛成水平；

圖24-3

左手心在右肘尖下方，右手之氣則上升，以助前撲之勁；當撲面時，腰部往前擁，不可退身。

【勁意法訣】

意想後腳貼地，則右掌產生撲勁。

【神功妙訣】

意在左手回摟，則右掌產生前按勁。

圖24-4

【攻防作用】

我以左掌滾轉下壓對方右臂後，右手照對方之面部撲蓋之，對方必仰跌。

第三動　右掌下按（右掌滾壓）

左腳向前邁進一步，腳跟著地，腳尖翹起。同時，左手回抽至左肋旁，手心朝上；右手伴隨左手向左橫移至左膝上方，手心朝下（圖24-5）。左腳落平，左腿屈膝前弓，右腿在後伸直成弓步。同時，右手翻手心朝上。目視左前下方。（圖24-6）

【常見錯誤】

左腳邁步重滯。

圖24-5

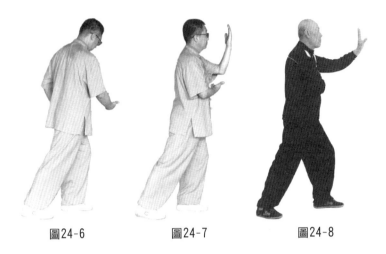

圖24-6　　　　　圖24-7　　　　　圖24-8

【糾正辦法】

右手掌根向前平推，則左腳上步輕靈。

【勁意法訣】

鼻尖找左腳大趾，則右掌產生滾轉下壓勁。

【神功妙訣】

意想左肩井穴反找右環跳穴，則右掌產生下按勁。

【攻防作用】

當對方以右拳擊我胸部時，我以右手臂橫於對方右臂上方，與之十字相交，接著滾轉下壓，沾黏引帶，借對方前伸之勢加以沉採，對方必前傾失衡。

第四動　左掌前按

抬起頭來向前看，左手向前上方伸舉至掌心對正眼睛，右手心橫於左肘尖下方（圖24-7）。右腳蹬地，左掌翻手心朝前撲按。目視前方。（圖24-8）

【常見錯誤】

右掌不在左肘下。

【糾正辦法】

右掌心虛捧於左肘尖下方。

【勁意法訣】

意想右掌向後抹左臂，則左掌產生撲勁。

【神功妙訣】

意在右手回摟，則左掌產生撲按勁。

【攻防作用】

當對方處於失衡之際，我即以左手向對方面部撲蓋，對方必仰跌。

第二十五式　十字腿（單擺蓮）

十字腿

〔歌訣〕

十字腿為單擺蓮，鬆腰坐身往遠看；

左掌橫移右耳旁，拍擊外擺右腳面。

【命名釋義】

此式係以右外擺腿法而擺擊對方的後腰部。我之腿與對方的軀幹十字相交，故名十字腿。另外，我之右腿先裡合，後外擺，形似風擺荷葉狀，故又名單擺蓮。

第一動　左掌右将

左腳尖向內扣90°，右腳尖外擺，身體右轉90°。同

圖25-1　　　　　　　圖25-2

時，左手以食指引導向右橫移，掌心向外，右手不動。目
視右前方。（圖25-1）

【神功妙訣】

意想右肩井穴反找左環跳穴，則左掌自然右捋。

第二動　左掌繼捋

左腳仍以腳跟為軸，腳尖內扣90°，身體右轉90°，右
腳跟虛離地面。同時，左手以食指為引導繼續向右耳旁橫
移，手心向外，右手不變。目視前方。（圖25-2）

【常見錯誤】

轉體時，身體重心發生變化。

【糾正辦法】

身體重心不變，左腳以腳跟為軸，腳尖內扣，空胸緊
背，兩膝相貼。

【勁意法訣】

眼神先走，向右後方看。「身為主，眼為先，眼神一走周身轉」。左手食指尖往右耳垂後移到極點，如此身體轉動極為靈活。

【神功妙訣】

意想右肩井穴反找左環跳穴，則左掌繼往右将。

【攻防作用】

當對方從身後抓我右肩時，我以左手虎口扣住對方之右腕往後抽送，使對方身體前傾，為下動擊打創造有利條件。

第三動　右腳上提

右手不動，左肘尖向左平帶，右腳會向左側抬起。（圖25-3）

【神功妙訣】

意在左肘尖向左平移，則右腳自然上提。

第四動　右腳右擺

右腳向右側外擺，左手拍擊右腳面（圖25-4）。左手擺向左後上方，右腳自然落于右前下方，腳跟著地，腳尖翹起。目視左手。（圖25-5）

圖25-3

圖25-4　　　　　　　　　圖25-5

【常見錯誤】

提起右膝，左手沒有拍擊左腳。

【糾正辦法】

右腿向左伸直，向右橫擺，不屈膝，左手向正前方拍擊腳面。

【勁意法訣】

空胸緊背，收腹鬆腰，尾閭鬆垂，鬆胯坐實，則擺擊得勁。

【神功妙訣】

二目向前平遠視，左手追眼神，則右腳在不知不覺中自然向右橫擺。

【攻防作用】

當對方前傾時，我出右手反向兜住對方翳風穴，並以右腿橫擊對方腰椎，對方必仰跌。

第二十六式　摟膝指襠捶

摟膝指襠捶

〔歌訣〕

　　摟膝指襠擊下腹，上步搬攔左弓步；

　　掄臂出拳整體勁，左拳出擊右掌輔。

【命名釋義】

　　此式係以手掌按對方的膝或向外摟對方的膝，然後，用拳擊打對方的下腹部，故取此名。

第一動　右掌下按

　　左手回勾，虎口貼近右耳；右手向右下方舒伸，按至右膝上方。目視右下方。（圖26-1）

【神功妙訣】

　　意想右腳大趾尖找右手心，則右掌產生下按勁。

第二動　左掌前按

　　右腳落平，右腿屈膝前弓，左腿在後伸直成弓步。同時，左掌向右腳上方推按，右臂外旋，使左肘尖朝地，左虎口朝天，右手鬆垂於右胯旁。目視前方。（圖26-2）

圖26-1

圖26-2   圖26-3

【神功妙訣】

意想右血海穴，則左掌產生前按勁。

第三動　上步搬攔

右手向上勾提至右耳旁，左掌向前下按至右腳前上方（圖26-3）。左腳向前邁進一步，腳跟著地，腳尖翹起。同時，右掌向右後方掄擺，左臂屈肘回掩至左前方，中指尖朝天，肘尖朝地，拇指尖朝裡。目視右後方。（圖26-4）

【常見錯誤】

兩腿虛實分不清。

【糾正辦法】

左腿鬆透，右腿坐實。

圖26-4

【勁意法訣】

意想右手指尖無限延長，則左手臂產生搬攔勁。

【神功妙訣】

意在右手向後掄擺，則自然上步搬攔。

【攻防作用】

當對方出右拳向我胸部擊來時，我以右手向後掄擺，帶動身體右轉成側身，並將左前臂帶起與對方擊來之右前臂十字相交，形成搬攔之勢，使對方之拳落空而身體前傾。

第四動　右拳指襠

右手握拳，回收至右肋間。目視前方（圖26-5）。左腳落平，左腿屈膝前弓，右腿在後伸直成弓步。同時，右拳向左腳上方斜下伸出，左手扶於右臂內側。目視前下方。（圖26-6）

圖26-5　　　　　　　　　圖26-6

【常見錯誤】

拳腳不合，勁不整。

【糾正辦法】

右拳打左腳，拳腳相合。

【勁意法訣】

意想鼻尖找前腳大腳趾，則右拳產生擊打勁。

【神功妙訣】

意想右腕尺側之神門穴，則右拳產生指襠勁。

【攻防作用】

攔開對方來拳之後，復上左步，出右拳，衝擊對方之下腹部。

第二十七式　正單鞭

正單鞭

〔歌訣〕

正單鞭勢馬步站，上捌反採再前按；

左掌右鈎拉架勢，單臂抽打似甩鞭。

【命名釋義】

所謂正、斜，係指身體之面朝方位而言。單鞭係指以單臂抽打如抽鞭梢而言，以身體之軀幹喻為鞭杆，手臂喻為軟鞭。故取此名。

第一動　翻拳上步

右腳向前邁出一步，腳跟著地，腳尖翹起。同時，

圖27-1

右拳翻轉向上，拳心朝上，左手扶於右臂內側。目視前方。（圖27-1）

【勁意法訣】

意想右曲池穴找左陽陵穴，則右拳自動翻轉。意想左鶴頂穴，則右腳自動上步。

【神功妙訣】

意想右曲池找左陽陵，則右拳自翻；意想左肘尖貼地，則右腳自動上步。

【攻防作用】

當對方以右手抓住我右腕且握力很大時，我以右曲池找左陽陵，催動右拳翻轉並向前上送伸，同時上右步上捌對方。

第二動　右掌前掤

圖27-2

右腳落平，右腿屈膝前弓，左腿在後伸直成弓步。同時，右手開拳變掌，向右腳上方舒伸，左手伴隨右手前移。目視右前上方。（圖27-2）

【常見錯誤】

右手偏離右腳。

【糾正辦法】

右手背與右腳面上下對正。

【勁意法訣】

意想右腳面則右手產生前掤勁。

【攻防作用】

當對方右手臂被我拿直之後，用他的手臂去捅他的肩部，則能將對方掤發出去。

第三動　右掌後掤

退身後坐，重心移至左腿，右腿在前舒伸，腳尖翹起。同時，右掌弧形向右後上方繞至右耳處，使中指尖、拇指尖與右眼外角成一直線，左手仍扶於右腕處。目視右食指尖。（圖27-3）

【常見錯誤】

右手舉得過高。

【糾正辦法】

右手高勿過耳尖。

【勁意法訣】

意想右手背之外勞宮與左足跟相照，又好似掌心裡托著點什麼東西，這時右掌產生後掤勁。

【神功妙訣】

意想右肩井穴從背後去找左環跳穴，則右掌產生後掤勁。

圖27-3

【攻防作用】

當對方以右拳擊來，我以左手接其來手，隨將右臂伸向其臂下，復以右手走外弧線而旋掌，則可將對方搠發出去。

第四動　右掌前按

右肘尖找左膝尖，右腳尖內扣身體左轉，尾骶骨找右腳跟坐實，重心移至右腿，左腳不動。然後，右手背對正右肩，掌心向前平移推按。目視前方。（圖27-4）

【常見錯誤】

右掌低於肩。

【糾正辦法】

右掌背之外勞宮與右肩井穴成水平。

【勁意法訣】

意想右肩井穴，則右掌產生按勁。

【神功妙訣】

意想命門穴，則右掌產生前按勁。

【攻防作用】

當對方後退時，我以左手伸向對方的背後，並以右掌撲按對方面部，對方必仰倒。

圖27-4

第五動　右掌變勾（變勾開步）

右手大拇指微向外推移，手指回勾變為勾手。同時，左腳向左橫開一大步，腳尖著地。左手仍扶於右脈腕處。目視西南方。（圖27-5）

圖27-5

【常見錯誤】

右手拇指、食指、中指撮攏，腕部沒有掤勁。

【糾正辦法】

手指只回勾不撮攏。

【勁意法訣】

左腿鬆透，則右手產生掤勁。

【神功妙訣】

意在右腕向右前斜伸，則左腳自開。

【攻防作用】

當對方以右掌向我面部打來時，我以右手习住對方右腕，向右略微一側身，進左步鎖住對方右腿，準備發放，是待發狀態。

第六動　左掌平按（甩單鞭）

左手弧形向左移至左腳尖上方，掌心由裡向外翻，虎口朝天，肘尖朝地。同時，左腳落平，兩腳尖均向外擺，

圖27-6

兩腿敞膝而裹襠，鬆腰沉胯，尾閭鬆垂，向下蹲坐成馬步。目視左手虎口。（圖27-6）

【常見錯誤】

兩臂直伸如扁擔。

【糾正辦法】

兩手與兩腳尖、兩肘尖與兩膝尖、兩肩與兩胯上下相對，不可偏離。

【勁意法訣】

意想左手從右腳跟起，經右腳外側小趾、大趾到左腳大趾、小趾。如此每個時空點都有發勁，最終將對方發放出去。

【神功妙訣】

意想左肩井穴反找右環跳穴，則左掌向左平按。

【攻防作用】

左手掄大弧線如甩長鞭，則可將對方發放出去。遇比自己高的人，則從其右臂下方往其面前甩出。遇比自己矮的人，則從其右臂上方往其面前甩出。甩臂時不接觸對方身體。虛甩、空甩才有效。

第二十八式　雲　手

雲手

〔歌訣〕

　　雲手之勢手運轉，身前交替畫圓環；

　　形似猿猴舒雙臂，迴旋纏繞柔綿綿。

【命名釋義】

　　「雲手」原名「猿手」，係武術仿生學，模仿長臂猿猴搖動雙臂的動作。後來改名為「運手」，係指兩手交替畫圓環的運動「○○」。再後來就改稱「雲手」，係指兩臂上下左右循環運轉，其迴旋纏繞的速度均勻和運動綿綿的姿態，好似天空之行雲一般。雲手的運動特點是：左右手交替在身前繞立圓，此為雲轉動作，故取此名。

第一動　左掌下将

　　左掌走下弧線經左膝、右膝前繞到近右肘下方，右手鬆開變掌。同時，重心移至右腿，左腿舒伸變為右仆步。目視右手。（圖28-1）

【勁意法訣】

　　意想右腳內側之公孫穴，則左掌產生下将勁。

圖28-1

【神功妙訣】

意想右血海穴，則左掌產生下捋勁。

第二動　左掌平按

左掌走上弧線向左上繞行至正前方時，掌心朝裡。身體重心在兩腿，兩腿伸直（圖28-2）。左手向左繞行至左側方時，掌心朝下。左腿屈膝微蹲，右腳向左腳靠攏併齊；同時，右掌走下弧線經右膝繞至左膝前。目視左方。（圖28-3）

【常見錯誤】

當左手繞到正前方時，眼神看手心。

【糾正辦法】

手心與眼睛平，眼神看手指梢。

【勁意法訣】

意想左肩井穴反找右環跳穴，則左掌產生平按勁。

圖28-2　　　　　　　　圖28-3

【神功妙訣】

意想左肩井穴反找右環跳穴，則左掌向左平按。

【攻防作用】

當對方以右拳擊我胸部時，我以左臂沾住對方手臂繞一圓圈，化開其勁，使其落空，為我出右掌劈擊其頸部或以右拳擊打其太陽穴創造條件。

第三動　右掌平按

右掌從左向右繞行至正前方時，掌心朝裡。兩腿伸膝立直，身體重心在兩腿。目視前上方（圖28-4）。右掌繼續向右繞行至右側方時，掌心朝下。重心移至右腿，右膝微屈，左腿向左橫開一步；同時，左掌走下弧線經過左膝、右膝前繞至近右肘內側。目視右手。（圖28-5）

【常見錯誤】

眼神盯著手心走，這樣有害無益。

圖28-4　　　　　　　　圖28-5

【糾正辦法】

眼神離開手心看前方。

【勁意法訣】

意想右肩井穴反找左環跳穴，則右掌產生平按勁。

【神功妙訣】

意想右肩井穴反找左環跳穴，則右掌向右平按。

【攻防作用】

當對方出右手打我左耳時，我以右手格擋並抓握對方手腕向右側牽拉，使對方傾倒。

第四動　左掌平按

左掌從右側弧形繞行至正前方時，翻掌心朝裡。身體重心在兩腿，兩腿伸膝立直。目視前上方（圖28-6）。左掌繼續向左繞行至左側方，掌心朝下。此時重心移至左腿，左膝微屈，右腳向左腳靠攏併齊。同時，右掌向左繞行至左膝前。目視左方。（圖28-7）

圖28-6

圖28-7

【常見錯誤】

動作鬆散隨意。

【糾正辦法】

設想對面有對手，一個人練拳如二人對打。

【勁意法訣】

意想左肩井穴從反找右環跳穴，則左掌產生平按勁。

【神功妙訣】

意想左肩井穴反找右環跳穴，則左掌向左平按。

圖28-8

【攻防作用】

當對方以左掌擊我，我則掄起左臂甩向對方側後，以左掌拍擊對方後背，對方必受擊而跌撲。

第五動　變勾開步

右掌從左向右弧形繞行至正前方，兩腿伸膝立直。目視前上方（圖28-8）。右掌繼續向右繞行至右側方時，右掌變勾手。同時，左腳向左橫開一步。左掌向右繞行至右手腕內側。目視右手。（圖28-9）

圖28-9

【常見錯誤】

右手拇指、中指尖合攏，右腕尺側無掤勁。

【糾正辦法】

右手五指合攏手心是空的，這樣腕部的掤勁才飽滿。

【勁意法訣】

當右手運動時，左腿鬆透，則每個手指都有掤勁，且能勁貫小指尖。意想右手五指梢抓提小球，則腕部產生掤勁。

【神功妙訣】

意想右腕勾提，則左腳自然向左開步。

【攻防作用】

當對方以右手擊我時，我以右手刁住其腕，隨進左步至對方身後套鎖，造成我甩臂發手的優勢。

第六動　左掌平按

左掌離開右腕，弧形向左繞行至左側方，掌心朝外，虎口朝天。此時兩腿形成馬步。目視左前方。（圖28-10）

【常見錯誤】

兩臂伸直。

【糾正辦法】

兩臂微屈，肘尖與膝關節上下呼應。

圖28-10

【勁意法訣】

鼻子尖對前腳大趾尖，尾骶骨對後腳跟，則產生抽鞭勁。

【神功妙訣】

意想左肩井穴反找右環跳穴，則左掌向左平按。

【攻防作用】

同第四動。

第二十九式　下　勢

下勢

〔歌訣〕

> 下勢如鷹從天降，形如搏兔勢不擋；
>
> 刁捋撅臂後下帶，泰山之勢壓敵方。

【命名釋義】

此式動作是從高的姿勢突然大幅度降成低的姿勢，形似雄鷹在高空盤旋，突然俯衝捕食之狀，故取此名。所以，此式要做出「形如搏兔之鵠，神似捕鼠之貓」的氣勢來。

第一動　右掌前掤

右手放鬆，由勾變掌經右膝、左膝前向左上弧形繞行至左手旁，兩掌心相對。重心移至左腿，右腿舒伸成左仆步。目視左方。（圖29-1、圖29-2）

【常見錯誤】

重心未移至左腿，虛實未分清。

圖29-1　　　　　　圖29-2

【糾正辦法】

當右手摸右膝時，右膝往後躲右手，右腿則變為虛腿。

【勁意法訣】

右手摸右膝，右膝躲右手，則勁貫左手。

【神功妙訣】

意想左肩井穴反找右環跳穴，則右掌向左搠出。

【攻防作用】

當對方以右手抓住我左腕時，我左手變掌，掌心朝右，拇指尖朝天，中指直伸，食指與四指力夾中指；加之右手摸右膝，右膝躲右手，則勁貫左手而將對方發出。

第二動　兩掌回捋

兩掌由掌變勾，向上勾提至手腕與頭頂平，兩腿立直（圖29-3）。然後，兩手向右回捋至身體右側。右腿屈

圖29-3　　　　　圖29-4　　　　　圖29-5

膝下蹲，左腿舒伸成右仆步（圖29-4）。身體隨之向左扭轉，左掌移至左膝上方，右掌移至右膝上方。目視前方。（圖29-5）

【常見錯誤】

兩手回摟時，腕部低於頭頂，這樣提不起對方，其根未斷，難於「四兩撥千斤」。

【糾正辦法】

一開始回摟上提，使兩腕高與頭頂平，則可使對方雙腳離地而失衡。

【勁意法訣】

意想右腳內側之公孫穴，則捋勁產生。

【神功妙訣】

意想右腳內側公孫穴，則兩掌向右回捋。

【攻防作用】

當對方抓住我兩腕時，我兩手找後腳，則可將對方捋

起而傾跌。

第三十式　上步七星（上步騎鯨

上步七星

〔歌訣〕

上步騎鯨雙托架，下盤暗將腿腳發；

牽引敵膝斜上捋，兩掌上提呈交叉。

【命名釋義】

此式係以兩臂交叉，兩掌背斜對，右足前蹬之勢，而使頭、肩、肘、手、胯、膝、足等七個部位形成北斗七星狀，又因其步法（坐虛步）形如騎鯨，故取此名。

第一動　右掌前掤

左腳尖外擺，身體重心移至左腿，右腳向右前方橫開半步，左腿屈膝前弓成弓步。同時，右掌翻掌心朝上，從右向左畫弧至左膝前上方，掌心向外。目視左前下方。（圖30-1）

圖30-1

【常見錯誤】

右腳未橫開半步。

【糾正辦法】

右腳向外橫開半步。

【勁意法訣】

全身放鬆，右掌心向外凸，

右掌下拓勁便產生。

【神功妙訣】

意想左肩井穴反找右環跳穴，則右掌自然前掤。

【攻防作用】

當對方出右腳橫踢我左腿時，我左手橫撥，右掌從下向上推按對方的右膝關節。

第二動　兩掌上掤

右腳向前邁出一步，腳跟著地，腳尖翹起。同時，兩手腕上提，於面前交叉。目視前方。（圖30-2）

【常見錯誤】

坐不穩，上體搖擺。

【糾正辦法】

兩掌與右腳合，則周身成一家。

【勁意法訣】

意想前腳尖向手腕交叉點回勾，則產生架撐勁。

【神功妙訣】

意想兩手腕之交叉點與前腳尖互相對接，則兩掌產生掤勁。

【攻防作用】

當對方出右拳擊我面部時，我以兩手交叉架住來拳，然後，實施下一步打擊。

圖30-2

第三十一式　退步跨虎

退步跨虎

〔歌訣〕

退步跨虎騰挪閃，避其鋒芒戳其眼；

雙掌變勾控制腿，無計可施敵膽寒。

【命名釋義】

此式先以右腳向後退一大步，右腿屈膝向下坐身；然後，收左腳向右腳靠攏，腳尖虛點地面，兩腿形成跨虛步，兩臂前後分展。術語特指跨虎式，又名跨虎坐。

第一動　撤步按掌

右腳向後撤一大步，腳尖點地，雙手向前直伸（圖31-1）。然後，向下按掌，兩掌至左膝前相合（圖31-2）。雙掌向右擺至右膝前。重心移至右腿，右腿屈膝向下

圖31-1

圖31-2

圖31-3

圖31-4

蹲坐，左腿舒伸。左腳尖翹起；目視前方。（圖31-3）

【常見錯誤】

右腳跟過早落地。

【糾正辦法】

右腳僅以腳尖虛點地面。

【勁意法訣】

尾骶骨對正右腳後跟，則手指尖自然產生向前的戳勁。

【神功妙訣】

意想左手前伸，則右腳自往後撤；意想兩腿放鬆，則兩掌自往下按。

【攻防作用】

當對方用腳踢我右腿時，我迅速後撤右腿，同時，兩手向前直伸，以指尖戳點對方的眼珠。

第二動　前掌後勾

兩掌向左腳踝處伸出（圖31-4），兩掌同時變勾，左

圖31-5

圖31-6

手往身後勾，右手往右耳旁勾提（圖31-5）。然後，右勾變掌向前伸出，拇指尖朝天。同時，收左腳向右腳靠攏，腳尖虛點地面，身體微向左轉。目視左前方。（圖31-6）

【常見錯誤】

左手勾提過低。

【糾正辦法】

左肩放鬆，左手勾儘量往上勾至與左肩平為度。

【勁意法訣】

意想右掌心與左腳心相合，則左手產生勾勁。

【神功妙訣】

右手中指向前直伸，食指與無名指夾中指，則右掌產生前掤勁；意想左肩井穴，則左勾手產生上勾勁。

【攻防作用】

當對方用腳踢我下盤時，我以兩掌向下撥格 ；若對方再次踢我左膝，我則將雙掌變勾手，用手勾掛對方的腳

圖32-1　　　　　　　　圖32-2

踝，使其踢擊落空。

第三十二式　回身撲面

回身撲面

〔歌訣〕

回身撲面身回轉，右手畫弧掃敵眼；

控敵困獸難攻防，轉身上步掌撲面。

【命名釋義】

此式係指身體由前向後回轉之後，再發掌撲蓋敵人面部之意，故取此名。

第一動　右掌右伸

右掌翻掌心朝下並向右橫掃90°，然後，向下弧形回收於腹前。目視右方。（圖32-1、圖32-2）

【常見錯誤】

中指不點氣衝穴，內氣不合。

【糾正辦法】

右手中指尖點於氣衝穴，則感覺內氣舒暢，體驗到太極之愉悅。

【勁意法訣】

眼神先走，手追眼神，神走意追。

【神功妙訣】

意想右手小指甲根外後之少澤穴與右腳小趾甲外後之至陰穴，則右手產生向右橫掃勁。

【攻防作用】

當對方出右拳擊我右肋時，我則以右手指尖橫掃對方眼睛，使對方既打不著我，又難於收拳。

第二動　左掌前按

右掌翻掌心朝上，隨將手背向前撇去，以帶動左腳越過右腳向右前方邁出一步。左掌翻掌心立於面前，右掌翻掌心朝上置於左肘下方。目視右前方（圖32-3）。左腿屈膝前弓，右腿在後伸直成弓步。同時，左掌向前推出，掌心向外，右掌置於左腋下方；目視前方。（圖32-4）

圖30-3

【常見錯誤】

右掌不在左肘尖下。

【糾正辦法】

右掌虛捧於左肘尖下方。

【勁意法訣】

意在後腿繃直，則手上產生發勁。

【神功妙訣】

意想提左頂（頭部左側），則左掌產生前按勁。

圖30-4

【攻防作用】

右手拿住對方右手腕，左掌撲其面部，後腿一蹬則將對方發出。

第三十三式　轉腳擺蓮

轉腳擺蓮

〔歌訣〕

　　轉身擺蓮制勝招，身向後轉摺鉚刀；

　　右膝左提外擺腿，鬆腰坐胯雙拍腳。

【命名釋義】

此式以左腳腳跟為軸，腳尖內扣180°，稱為「轉腳」。而右腿做外擺腿，形如風擺荷蓮，故取此名。

第一動　左掌右将

右腳尖外擺，左腳尖內扣，身體向右扭轉180°，手型不變。目視前方。（圖33-1）

【常見錯誤】

重心不穩。

【糾正辦法】

只管左手追眼神，不管腿腳，重心就不會變了。

【勁意法訣】

眼神先走，手追眼神，神走意追，氣催則勁到。

【神功妙訣】

眼神視線由正西方向右後轉視正東方。左手追眼神，則自然向右将。

【攻防作用】

當對方從背後以右手抓我右肩時，我向右後扭轉180°，隨用左手按于對方之手背上，不讓他跑掉，為下一動發招創造有利條件。

第二動　雙掌沉採

鬆腰沉胯，往下坐身。右掌先向上，伸至極點後隨向右側擺平，左掌移到右肩前。目視右方。（圖33-2、圖33-3）

圖33-1

圖33-2　　　　　圖33-3　　　　　圖33-4

【常見錯誤】

動作不到位。

【糾正辦法】

認真規範動作。

【勁意法訣】

意想兩腿外側之陽蹻脈，則手臂產生勁力。

【神功妙訣】

眼神先仰視上空，後轉視右側方。右手追眼神，先向上高舉，後向右沉採。手追眼神，雙掌自沉。

【攻防作用】

當對方從我右側以擺拳攻擊我胸部時，我右臂上舉，格擋來拳，隨後向左側平掃對方面部。

第三動　右腳抬起

左手下落於右腹前，右腳向左側抬起。目視前方。
（圖33-4）

【常見錯誤】

送胯過多,所踢之腿過分向前。

【糾正辦法】

含胸,腳尖回勾。

【勁意法訣】

意想睪丸向上抽提,則提腳感覺自然。

【神功妙訣】

意想右中指無限長,則右腳抬起。

【攻防作用】

此動為外擺腿,專擺擊對方腰部。

第四動　右腳外擺

右腳向右側外擺。雙手相繼拍擊右腳面(圖33-5)。右腳落於右前下方,腳跟著地,腳尖翹起。雙手向左側外擺,左手置於左上方,掌心向下;右手置於左胸前,掌心向內。目視左後方。(圖33-6)

圖33-5

圖33-6

【常見錯誤】

專聽拍腳響聲，忽視技擊作用。

【糾正辦法】

規範動作，重視技擊。

【勁意法訣】

意想右側睪丸飛揚，則外擺腿自然來勁。

【神功妙訣】

左手摸右腿根、中、梢節（即摸胯、膝、足），則右腳自向外擺。

【攻防作用】

當對方從右側向我撲來，我以右腳向外擺擊對方腹部或腰部。

第三十四式　彎弓射虎

彎弓射虎

〔歌訣〕

　　彎弓射虎意象形，捋採發拳防又攻；

　　雙拳繞弧找後腳，上拳須與頭頂平。

【命名釋義】

此式為象形動作，其動作由兩手握拳和伏身做勢，形如獵人騎馬拉弓射獵之勢。故取此名。

第一動　兩掌回捋

右腳落平，右腿屈膝前弓，左腿在後伸直成弓步。同

圖34-1 　　　　圖34-2 　　　　圖34-3

時，兩掌從左後上方往下，經身前繞到右膝前。目視前下方（圖34-1），身體右轉，雙手變拳向左後上方橫擺，兩拳眼相對，高與目平。目視右拳。（圖34-2、圖34-3）

【常見錯誤】

雙拳並舉時往後坐身。

【糾正辦法】

舉拳時身體重心仍在右腿。

【勁意法訣】

意想右腳內側之公孫穴，則產生回捋勁。

【神功妙訣】

意想右肩井穴反找左環跳穴，則兩掌產生回捋勁。

【攻防作用】

當對方出右拳擊我胸部時，我雙手握拳向右橫擺，擋開來拳。

第二動　兩拳俱發

　　身體左轉，右拳向左橫擊，拳高與頭平；左拳向左下方撥格，置於小腹前，兩拳上下相對。目視前方。（圖34-4）

圖34-4

　　【常見錯誤】

　　右拳太低。

　　【糾正辦法】

　　右拳高與頭頂平。

　　【勁意法訣】

　　意想左拳回抽，則右拳產生發射勁。

　　【神功妙訣】

　　意想右頭頂虛提，則右拳產生橫擊勁，是謂「頂打」。

　　【攻防作用】

　　當對方出右拳擊我胸部時，我以左拳向外撥格，右拳擺擊對方頭部。

第三動　兩掌回捋

　　兩手開拳變掌向右後方掄擺。同時，左腳向前邁出一步，腳跟著地，腳尖翹起（圖34-5）。左腳落平，左腿屈膝前弓，右腿在後伸直成弓步。同時，雙掌從右後向左橫捋，經身前繞至左膝上方，雙手置於左膝上方（圖34-6）。身體向左扭轉；同時，雙手握拳向左後上方橫擺。目

圖34-5　　　　　　圖34-6　　　　　　圖34-7

視左前方。（圖34-7）

【常見錯誤】

兩肘尖外拐，右拳與肘尖不垂直。

【糾正辦法】

兩前臂豎直，使右拳與肘尖成垂直狀。

【勁意法訣】

意想左腳內側之公孫穴，則兩掌產生回捋勁。

【神功妙訣】

意想左肩井穴反找右環跳穴，則兩掌產生回捋勁。

【攻防作用】

當對方出左拳向我胸部擊來時，我雙手握拳向左橫擺，從而擋開對方來拳。

第四動　兩拳俱發

身體右轉，左拳向右橫擊，高與頭平；右拳向右下方

撥格，並置於小腹前，兩拳上
下相對。目視前方。（圖34-8）

【常見錯誤】

左拳太低。

【糾正辦法】

左拳與頭頂平。

【勁意法訣】

意想右拳回抽，則左拳產
生發射勁。

圖34-8

【神功妙訣】

意想左頭頂虛提，則左拳產生橫擊勁。

【攻防作用】

當對方出右拳擊我胸部時，我右拳向外撥格，左拳擺
擊對方頭部。

第三十五式　卸步搬攔捶

卸步搬攔捶

〔歌訣〕

　　卸步搬攔攻防法，左搬右攔引化拿；

　　內外三合發神力，拳腳相助把敵發。

【命名釋義】

　　此式即指在向後撤步的同時，以兩拳向左右撥移對方
之來力，然後用左立掌攔阻來手，隨之以右拳進擊其肋、
胸等部，故以此為名。

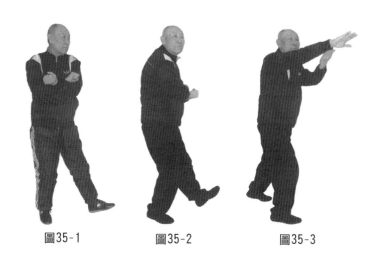

圖35-1　　　　　　圖35-2　　　　　　圖35-3

第一動　退步右搬

退身後坐，重心移至右腿，左腳跟著地，腳尖翹起。同時，左拳回收至右腕下方，使左右兩腕十字相交，上體略向右轉（圖35-1）。上體向左轉，左腳後退一大步，右腿屈膝前弓成弓步。同時，雙手變掌向右前方伸出。目視右前方。（圖35-2、圖35-3）

【常見錯誤】

動作不到位。

【糾正辦法】

認真規範動作。

【勁意法訣】

走內外三合，即肘找膝，肩找胯，手找腳，來回互找，則左搬右攔勁自產生。

圖35-4　　　　　圖35-5　　　　　圖35-6

【神功妙訣】

意想右手摸左腳，左腳躲手而往後撤退，則右掌產生右搬勁。

【攻防作用】

當對方向我撲來時，我向後退步，雙拳在胸前交叉防守，隨後雙掌前伸，點擊對方眼睛。

第二動　退步左搬

退身後坐，重心移至左腿，右腿變虛。同時，左右兩掌同時翻轉回收於左胸前，左手在上，右手在下，兩腕十字相交（圖35-4）。上體略向左轉，右腳後退一大步成弓步。同時，兩手追眼神向左前方搬出。目視左前方。（圖35-5、圖35-6）

【神功妙訣】

意想左手要摸右腳而右腳躲左手，向後撤退，則左掌產生左搬勁。

第三動　左掌右攔

退身後坐，重心移至右腿，左腿變虛，左腳跟著地，腳尖翹起。同時，左掌從右往左後搬，繼而向右上攔至胸前，左前臂屈肘豎直，肘尖朝地，左手中指尖朝天，拇指尖遙對鼻尖，右手由掌變拳回抽至右肋間。目平視。（圖35-7、圖35-8）

【常見錯誤】

左臂與右腿不合，未構成攔勁。

【糾正辦法】

左臂內側與右腿內側相合。

【勁意法訣】

意想右拳往右腳外踝骨後搬，則左掌產生右攔勁。

【神功妙訣】

意想右腿股前方肌，則左掌產生右攔勁。

圖35-7　　　　　　圖35-8

【攻防作用】

當對方出右拳擊我胸部時，我則起左手以前臂內側沾住對方之前臂外側，我左手大指尖一找鼻尖，則可將對方攔向右側，使其落空而前傾。

第四動　右拳前伸

圖35-9

左腳落平，左腿屈膝前弓，右腿在後伸直成弓步。同時，右拳向左腳上方衝出，左手中指尖點於右腕內側。目視前方。（圖35-9）

【常見錯誤】

右拳與左腳不在一個立面上，以致勁散。

【糾正辦法】

發拳時向前腳上方打去，拳腳相合，上下相隨。

【勁意法訣】

鼻尖找前腳大趾尖，右拳打自己的前腳上方，然後，尾骶骨對正後腳跟，如此拳勁勢不可擋。

【神功妙訣】

意想右腕尺側之神門穴，則右拳產生前伸勁。

【攻防作用】

當對方之右拳被我左掌搬開之後，隨出右拳擊其軟肋或胸部。

第三十六式　如封似閉

如封似閉

〔歌訣〕

　　如封似閉十字形，防守進擊化打功；

　　引入落空合即出，發敵制勝不留情。

【命名釋義】

　　此式係象形動作，兩臂交叉時形成斜十字狀，好像封條一般，而兩掌前按動作，又像用手關門閉戶一樣，故取此名。

第一動　兩掌分開

　　左掌向右伸至右臂外側，然後翻手心朝裡摸自己右肩（圖36-1）。退身後坐，重心移至右腿，左腿變虛，左腳跟著地，腳尖翹起。同時，右臂收回，兩手腕交叉置於胸前，右手在內，左手在外，掌心均朝後（圖36-2）。兩掌向左右兩側分開，手腕橫紋與肩同高。目視前方。（圖36-3）

圖36-1

【常見錯誤】

兩掌偏低，又分得過寬。

【糾正辦法】

兩腕橫紋與肩同高。

圖36-2

圖36-3

【勁意法訣】

意想兩腳外踝骨之崑崙穴，則兩掌產生分捋勁。

【神功妙訣】

意想尾骶骨端找後腳跟，則兩掌自然回捋。

【攻防作用】

當對方以右手抓住我右拳時，我左手摸右肩，右肩躲左手，則可將對方掀起而前傾。

第二動　兩掌前按

左腳落平，左腿屈膝前弓，右腿在後伸直成弓步。同時，兩掌內旋，使掌心翻轉朝前，手背與肩井前後對正，然後緩緩向前推按。目視前方。（圖36-4）

【常見錯誤】

兩掌前按時，掌低於肩。

圖36-4

【糾正辦法】

使兩掌之外勞宮穴與兩肩井穴成水平。

【勁意法訣】

兩掌外勞宮穴對正肩井穴，意注肩井穴，兩掌前按勁產生。

【神功妙訣】

意想兩掌指尖朝天，掌心向前突出無限遠，按勁產生。

【攻防作用】

當對方兩掌向我前胸推按，我則以左手伸到對方左臂外側，然後，兩掌一分將來力化開，復翻掌前按，彼必仰倒。

第三十七式　抱虎歸山、十字手、收勢

●抱虎歸山●

〔歌訣〕

抱虎歸山是跌法，兩臂分展橫向插；

右手一翻肘向下，致敵腹部受沉砸。

抱虎歸山
十字手
收勢

【命名釋義】

此式係象形動作，指兩臂分開用橫勁轉體，並含有攜物之勢，故取此名。

第一動　雙掌前伸

　　兩掌緩緩向前下方推按，兩掌心朝下，含有前推之意。目視前下方。（圖37-1）

【勁意法訣】

　　鼻尖對正前腳大趾，意想前腳大趾，則按勁產生。

圖37-1

【神功妙訣】

　　意想兩掌心推擀麵杖，則推按勁產生。

第二動　兩掌橫分

　　左腳尖內扣，身體右轉。然後，右掌向右橫分，兩掌心均朝下。目視右手。（圖37-2、圖37-3）

圖37-2

圖37-3

【常見錯誤】

右手翻轉後，右肘不沉，右肩不鬆。

【糾正辦法】

右手翻轉後一定要鬆肩沉肘。

【勁意法訣】

意想兩腿外側，則右肘產生沉砸勁。

【神功妙訣】

意想左食指往左指，目視右食指尖，則兩掌自然分開。「左顧右盼兩分張」。

【攻防作用】

當對方捋我右手時，我則順隨其勢，將右臂橫伸至對方腹前，同時偷右步邁到對方腿後鎖住，右手一翻，右肘一沉，則將對方掀翻而後仰倒地。

●十字手●

〔歌訣〕

　　　十字手法向上捧，致敵失重腳騰空；

　　　兩腕交叉肘下沉，泰山壓頂難支撐。

【命名釋義】

此式動作先以左右掌向上捧起，至頭頂前上方，而後兩腕十字交叉於胸前，故取此名。

第一動　兩掌上掤

右腿伸膝立直，左腳向右腳靠攏並齊。同時，兩掌翻

圖37-4　　　　　　　圖37-5

掌心朝上，隨向前上方捧起，高
過頭頂，直至兩腕成交叉狀。目
視上方。（圖37-4～圖37-6）

圖37-6

【常見錯誤】

左腳過早靠攏右腳。

【糾正辦法】

左腳要在兩腕相交叉時靠攏
右腳。

【勁意法訣】

兩掌上捧時，意想右手找左
腳，左手找右腳，則上捧勁產生。

【神功妙訣】

意想右手追眼神，則兩掌自然上掤。

【攻防作用】

當對方從正面抓住我兩臂時，我意想右手找左腳，左
手找右腳，則可將對方打起至雙腳離地。

第二動　兩肘下垂

　　鬆左腳踝、左膝、左胯、腰，身體漸向下蹲坐，帶動兩肘向下沉墜，使之與兩膝關節相呼應。目平視前方。（圖37-7）

【常見錯誤】

兩手腕未交叉則已鬆落。

【糾正辦法】

兩腕交叉停滯兩三秒。

【勁意法訣】

意想膝尖找肘尖，則肘尖產生下砸勁。

【神功妙訣】

意想膝找肘，則兩肘產生下墜勁。

【攻防作用】

當對方從正面摟抱我腰部，我以兩肘尖砸擊對方左右兩肩。

圖37-7

●收　勢●

〔歌訣〕

　　　收勢又名合太極，靜心氣歸是唯一；

　　　提膝邁步意守腹，收氣歸田萬事畢。

【命名釋義】

　　收勢又名合太極或太極還原法，也就是運動結束，還原到運動開始之前的預備姿勢，即腳底虛實、陰陽不分的無極狀態。並且還要將因打拳而散開的氣收歸到丹田內。收勢要把心收回來，由動到靜，心情安定。故名。

第一動　雙手下按

　　兩腕分開，掌心朝裡（圖37-8），兩手拇指、食指、中指尖相對接，把食指尖收到鼻子尖底下，低頭看食指尖（圖37-9），以無名指引導，緩緩向下輕按至小腹前；目視前方。（圖37-10）

圖37-8　　　　　　圖37-9　　　　　　圖37-10

【神功妙訣】

意想無名指下按，則身體自然立直。

第二動　兩掌分落

　　兩手分落於身體兩側，然後，中指點按兩大腿外側，收腹鬆腰，提膝走步，意想膝蓋找腹部，以使氣歸丹田。不少於10步。（圖37-11、圖37-12）

圖37-11

圖37-12

附　錄

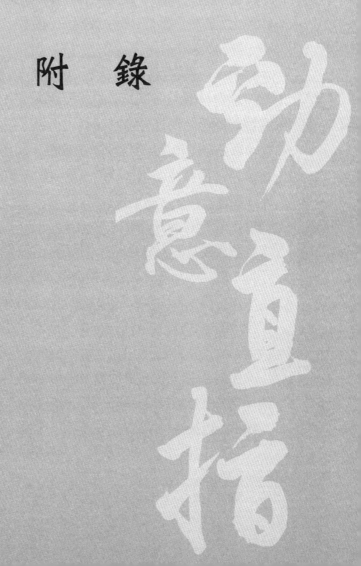

太極內勁豁然貫通[1]

講座實況錄影

　　感謝吳式太極拳研究會給我安排這麼一個機會，感謝理工大學提供這樣一個大講堂，也感謝各位購買我的新書，謝謝大家！

　　我今天講的題目是《太極內勁豁然貫通》。我想大家對這個題目還是很感興趣的。因為這個太極勁啊，過去我都經歷過。我曾經打過20年太極拳，不懂什麼是太極勁。套路學了很多，老套路、新套路、長套路、短套路、快套路、慢套路、單人練的、兩人對打的……都是空架子。跟人一搭手，手上沒有東西，腳下沒有根，人家一扒拉就走掉了。

　　我說我這個人塊兒也不小，腦子也不笨，為什麼我就不行？就是因為沒有掌握太極勁！人家沒有告訴你，沒有告訴你竅門。告訴你竅門以後啊，你就行。包括沒有打過太極拳的，我告訴你竅門，你當下就行！過去是沒有人告訴你！

　　所以，今天我把這個東西告訴你們，叫你們豁然開朗，功夫上身，立竿見影。來的時候跟走的時候肯定是不一樣了，以後再打拳跟以前打的就不一樣了。

　　在講正題以前，先講講吳式太極拳的諸多好處。

---

[1] 本文為2008年4月6日張耀忠先生在北京理工大學講座。

吳式太極拳的特點

說「太極拳好！」大家都知道，這是小平同志說的。說「吳式太極拳更好」，恐怕有些同志就不太清楚了。

為什麼這樣說呢？在1999年9月份，《精武》雜誌出了一份《吳式太極拳專輯》，這本專輯的封面上講「吳式太極拳在近代創造了三大奇蹟」。

第一大奇蹟：催生了新派武俠小說，確立了梁羽生、金庸、古龍三大巨擘的地位。

因為吳鑒泉的兒子吳公儀在香港教太極拳，那時候練白鶴拳的瞧不起吳式太極拳，提議打擂較量較量。吳公儀說打就打吧！那時候吳公儀都60多歲了。香港不讓打，到澳門打。白鶴拳的選手才30多歲，有人看過錄影了，打的結果呢？吳公儀一拳把白鶴拳師鼻子打得血流不止，失去戰鬥力。就這個，梁羽生把這個經過寫了一下，成為了新派武俠小說的鼻祖，在香港雜誌上連載。

以後，金庸、古龍也出來了。金庸和吳公儀是好朋友，他寫小說時，有什麼不知道就請吳公儀來，喝茶聊天，說了就寫下來。《飛狐外傳》上，他還講到了太極拳的「淩空勁」，都是吳公儀告訴他的。

有人看了錄影以後對吳公儀說三道四，說他用的不是太極拳，這是因為不瞭解，打擂用的是太極散手，不是推手比賽，吳公儀太極散手裡用的是栽捶。

有人要問：栽捶怎麼能打到鼻梁上呢？因為栽捶是先直伸，後下栽。他的栽捶是打了半個，把鼻梁打斷了，流

血不止就不能再參賽了。

栽捶很厲害，太極拳的捶出去，跟外家拳不一樣，不是重量加速度，它走的是內外三合。

怎麼打的？就是這個拳出去不要想打人，眼睛看著他以後，用拳跟自己前面的腳結合，打自己的腳，腳回來找拳頭。那個勁力比重量加速度要大好幾倍哩。

自己不懂太極拳就說吳公儀用的不是太極拳，怎麼不是太極拳？是太極拳散手！散手跟推手不一樣。推手是掤、挒、擠、按，發手。散手是該用拳時用拳，該用腳時用腳。

一般太極拳是五捶七腳，吳式太極拳是處處用腳。你看，步型步法。陳式太極拳的步子四六開，楊式太極拳的步子是三七開，吳式太極拳是一條腿支撐身體，重心集於一腿，解放四分之三肢體。兩手兩腳一共是四肢，四分之三解放了。比如抱七星，這兩個手和這個腳解放出來了，明白了嗎？這只腳進行戰鬥。為什麼呢？因為這個腳是虛的呀！退步跨虎，又一腳。野馬分鬃，又一腳。

這太極拳裡要虛實分清，幹什麼呢？把這腿解放出來，隨時踢你。但是你打拳的時候，你看不見吳式太極拳用的腿，這是含而不露。現在這條腿已經解放出來了，拽過你來就踹你一腳了。這是吳式太極拳的特點。

有人說吳式太極拳的特點是川字步型，斜中寓正，那些都不是主要的特點。主要特點就是一條腿支撐體重，把另一條腿解放出來，隨時準備踢蹬踩跺。「手是兩扇門，全憑腿贏人」，腿比胳膊長，腳比手勁大。找機會就給你

一腳，這是散手。

這是第一大奇蹟。

第二個奇蹟就是益壽延年不老春，在這個領域裡面，吳式太極拳是諸拳種之冠。

吳式太極拳的傳人，吳圖南105歲。馬岳梁——吳鑒泉的女婿，99歲。吳英華——吳鑒泉的閨女，91歲。楊禹廷——我的師爺，95歲。還有江長風，99歲。可謂長壽的群體啊。上回在這裡講課的那位先生❷是85歲了，好像還是正當年呢！你們都親眼看見了。他還在學習，他說要在有生之年，把太極拳的奧妙訣竅搞明白，實際上就是追求這個太極勁。

第三，吳式太極拳的傳人王培生，一生與人交手無算，未曾一負，可謂當代碩果僅存者。

太極拳怎麼有名的呢？因為最早有「楊無敵」嘛！還有楊班侯的搬攔捶，誰也惹不起他的搬攔捶。咱們吳式太極拳的老祖宗就是跟楊無敵和他的兒子楊班侯學的，從他那傳下來的。但是這些輝煌成就都是我們的前輩、前人造就的，不是我們的。我們應該感到榮幸，但只感到榮幸還不夠，還要自己努力，敢於後來者居上，敢於青出於藍而勝於藍，要發揚光大，為我們這個門戶爭光。

什麼是太極勁

太極勁籠統算起來有25種勁，常用有8種勁：掤、

❷　指錢育才先生（1922—2018），錢老2018年已96歲高齡，仍然經常參加太極拳交流和推手活動。

掤、擠、按、採、挒、肘、靠。一共是8種勁。這8種勁中：掤、擠、肘、靠是進攻的，掤、按、採、挒是化解的。

掤是破掤的，按是破擠的，採是破肘的，挒是破靠的。這裡的挒指的騰挪挒，除了騰挪挒以外，還有上挒、下挒、橫挒。在8種勁中，主要還是掤勁。掤勁貫穿在太極拳的始終，也貫穿在八法當中，都有掤勁。

掤勁是一個什麼勁呢？有人說掤勁如水，既能負舟，也能覆舟。具體到咱們身上，具體到手上、手背上，就六面勁。就我這手伸出去，碰到哪面都有勁。上面也有，下面也有；外面也有，裡面也有；前面也有，後面也有。上下前後左右六面都有。伸手有東西，才能威脅對方，嚇他一跳。

這個勁怎樣找？一般我們是在打拳的過程中一招一式地找出來。當然要有師父指點了。苦練三年不如明師一點。假如要沒有師父指點，你打一輩子拳也找不到哩。

太極勁的共性是反向思維

因為時間的關係，在這裡我不能一招一式地都跟你說，我告訴你一些共性的東西，告訴你最省心、最省力的竅門，讓太極勁出來。什麼竅門呢？就是「反向思維」。把你的思想方法轉變一下，來個180°轉彎就行了。太極拳是練反常的。太極拳要學的東西，是超過一般常識範圍以外的東西。老子說：反者，道之動。弱者，道之用。無為而無所不為。反動，這不是政治上的反動啊，是動作意念

上的反動。

比如平常年輕人喜歡掰手腕，我過去也經常掰手腕，都在這個手使勁，在這個地方較勁。太極拳跟這個恰恰相反。跟人握上這個手以後，不想它了，卻想另外一隻手。想空著的這個手，偷偷地、秘密地跟無形中的手在握手。結果上面這個手產生對方掰不動的這個勁，就是這玩意兒。不信你可以試試，互相試試，反向思維。

用哪個手就想哪個手，叫雙重

太極拳是用哪個手不能想哪個手。如果用哪個手就想哪個手，那叫雙重。

「每見數年純功不能運化者，率皆自為人制，雙重之病未悟耳。」哪個地方碰上哪個地方跟他較勁，那根本不是太極拳，門外漢！你必須想那個相反的方向。

蹬右腳想左腳，蹬左腳想右腳

太極拳是五捶七腳，用腳的時候，蹬右腳的時候不能想右腳，提右腿不能想提右腿。怎麼辦呢？蹬右腳想左腳，（想）左腳蹬地右腳踢，（想）右腳蹬地左腳踢。相反的，金雞獨立，要提膝頂襠了，提膝不能想提膝，一想提膝就不行了，想左腳蹬地右膝起，右腳蹬地左膝起，這才蹬出橫勁來，就是相反的。

用右手想左手或左腳，用左手想右手或右腳

用右手想左手，用左手你想右手。或者用右手想左

腳，用左手想右腳。或者用右腳想左手，你想蹬腳是撐掌跟，腳尖點是中指無限遠。想著後手！動哪個手不想哪個手，動哪個腳不想哪個腳。用哪個手不想哪個手，用哪個腳不想哪個腳。

全是反的！拳、掌、勾、腳。用肘時不想肘，用勞宮找肩井，或者用後肘找前肘，就是不想這個肘。你看是不是跟平常人想的是相反的呀？

所以只要能把思想扭過來，你就進入了太極道、太極門。你可以隨便舉一個太極拳例子，哪一個動作，說出來我告訴你竅門，怎麼出的勁。

三道氣勢中心圈

我告訴你，你馬上就出功夫。雲手走的是三道圈：手腳圈、肘膝圈、肩胯圈。三道氣勢中心圈。

手腳圈怎麼走呢？這個手過來，我跟這個左腳的腳後跟說話，相呼應，相照應。再繼續往前走，腳外側了，再走就是腳的小腳趾指甲蓋，到這就是大趾指甲蓋。一翻手就找右腳的腳大趾、腳小趾、腳外側、腳後跟。你只要這麼一走，你的手上就不是空的了，就有東西了。這是手腳圈了，左右都是一樣的。你來試一下，你扶住我這手，你看有沒有？這是手腳圈了。

肘膝圈。我下面這個左手摸我的左膝蓋，我的左膝蓋躲我這個左手，我又去摸我右邊這個膝蓋呢，右膝蓋迎接我這手。我左手中指找我右肘的少海穴，少海穴躲我這個手。這走的是手腳圈、肘膝圈。

肩胯圈怎麼走哩？你看我是肩井找環跳。右肩井找左環跳（從背後找）。這邊呢左肩井找右環跳，背後找。背後就是你往這邊雲吧，你用這個肩井找這個環跳來，他這邊出勁了。哎你看，有了嘛。你要用這個手呢？用這個左肩井找右環跳，你看，打起我來了。

那麼咱們搭搭手，搭上了，你看我偷偷地用左手中指找右肘少海，就這樣了。就是說你掌握了這個竅門的話，當時就出功夫，還用得到三個月、半年？用不著。

拳禪如一，一步一個樁

我告訴你，打拳怎麼樣省心、怎麼樣省力，而且還能出功夫。有的練拳的，站樁子，要站3年樁子，有的站8年樁子。有的參禪打坐。

這個太極拳是一步一個樁，什麼樁呢？中定樁。你看這個抱七星，這就是一個樁了，對不對？你能調整到感覺到別人推你推不動的時候，這就是一個樁了。明白了嗎？這又是一個樁。從頭頂到腳底。就是不管弓步也好，坐步也好，一步一個樁。就從打拳裡面站樁子。抱七星這麼抱著吧，站了老半天，然後左腳一扣，右腳一擺，又擺到這兒來了，這站了半天，再倒過來。這就是單操！這不是樁嗎？你站上以後，人家要來推你來，你能夠應付、應變才行了。那叫**中定**。

這個樁在哪呢？就在兩個腰子，比如我左腿是實腿，我左邊的腰子就是軸。你想怎麼動就可以，栽上這個樁，立住這個腰子。所以啊，打拳跟站樁子是一碼事，打拳和

參禪打坐一碼事，拳禪如一。為什麼叫拳禪如一呢？我站這個樁子我就想一，不想二，又省心，還能出功夫。

省心省力出功夫

這個竅門在什麼地方呢？你就把意念擱在你那個實腿大腿後面正中央的一點，大腿後面正中間，你把意念擱在那，你就站穩了。

弓步也一樣，你就把意念擱在實腿大腿後面正中的那一點，你就站穩了，你來吧，我照樣可以應變了，不但能應變，我手上還有東西，不是空的哩。因為我想的就是一，所以我就省心了，我想了一以後結果我的勁出來了，我也就省力了。

你要不懂這個呢你就盲目地亂動，就是耗散精氣神，那不行啊。好比你摟膝拗步，這個手推到這個程度以後，如果你再想這個手往前推，完了！那叫自己害自己，那叫貪功，叫傷氣。

再一種，意念想你這個耳梢、耳朵尖。實腿在右腿就想右耳尖，這樣你的精神就來了。重心換到左腿你就想左耳朵尖，這你會吧？一想左耳尖，這就蹬。這是普遍的。推手也是一樣，推手的時候，你就放在左耳梢上。左腿是支撐腳。不管我怎麼進手，你就想你左耳梢，肯定你行。

這是個普遍的吧？你今天來聽講座別的沒學會，打拳的時候重心在右腿，想右耳梢，重心在左腿，想左耳梢，你就這麼想就完了，那你也省心了，也養生了，也出功夫了。

學拳的經歷

　　當初沒有見到我老師的時候，我在後海的航海學校當校長。那時候我早晨出來看見有人練功，練功練得好，我請人家教我吧，人家不認識我，不理我。第二天，我又去了，還是想求人家教我。這時候出來一個年輕的，也50多歲了。他說你到南邊去找王培生吧，王培生耳朵都能打人。呦，這個我聽了很興奮了，耳朵都能打人啦？他告訴我地址，我騎著自行車就過去了。去了以後我就說，王老師，我喜歡太極拳，請你教我吧！嗯，他同意。

　　一開始教我的太極八法，我並沒有問他耳朵怎麼打人。跟老師時間長了以後，你不問他，他自然就流露出來了。所以耳朵打人，這東西是好東西。

聰明人學傻子，好人學殘廢，活人學死人

　　方法我跟你說了，但這個東西全在你自己，外因是由內因起作用的。進入這麼一個意境，這個課堂裡什麼都沒有，如入無人之地，思想安靜下來，一點雜念也沒有。就是你的腦子裡進入那個恍恍惚惚、紗紗冥冥、渾渾噩噩那個波段，手上才出功夫。如果你很機靈，氣也很浮，那不管用，非得靜下來不可，你得進入那個意境，跟練氣功一樣，要進入氣功狀態才行。你要進入太極拳的那個狀態才行。

　　王培生先生說：機靈鬼學不到東西。聰明人學傻子，別的什麼都不知道，我就知道一，這二我就不知道。那才

行。好人學殘廢,好像這個手不是我的。活人學死人,死人什麼意思呢?死人是對外界的干擾沒有反應。我這手去是外界的干擾,如果你注意我去的手,那不行。不管你來手不來手,我都沒反應才行。我就想我這個一才行,傻乎乎的。就是萬籟聲所言:太極練到頂頭愚,才能成功。愚就是愚昧,大智若愚,這是一種高智慧,要進入這種智慧,認識太極拳這個事物和平常事物不一樣。

步子要到位

還有就是太極拳的步子,一定要一步到位,一條腿前邊、後邊、左邊、右邊都有要求。你能做到一條就行了,像弓步,前面要求,一般是鼻子尖、膝蓋尖、腳大趾尖上下垂直,關鍵問題就是膝蓋尖能跪在你腳大趾指甲根上,那個時候就行了,手上就出東西了。後邊就是大腿後面正中,守住那一點,那手上就出東西了,這是後邊。外邊,外邊是你環跳落在踝子骨上,也手上有東西了。裡邊,從內踝骨照海穴往上抽,抽到大腿根,一下到了腰,這個時候就行了。

中間,是百會和湧泉垂直,一垂直手上就有東西。你好比吧,咱們這個手,大拇指很好使,二指也好使,中指也好使,小指也好使,唯獨無名指不好使,沒勁!但是你的百會與湧泉垂直以後,這無名指的勁就很大。最簡單的,你嫌太複雜的話,最起碼,你鬆一下胯可以吧?把實腿的胯鬆一下。鬆一下胯手上就來東西了嘛。弓步也是,弓一下步,鬆一下胯,手上就來東西了。那時候我們老師

告訴這叫「佛坐蓮台」，就是好像我是一個佛，我的屁股坐在蓮花臺上一樣，你想像著坐在蓮花臺上，那手上就來東西了。那只要一個小指頭就能把人扒拉走了。

抱七星的幾種練法

今天我專門講講這個抱七星，抱七星怎麼出勁，抱七星怎麼發人，怎麼拿人。你做一個抱七星，擺出一個抱七星的架子，面朝我。現在我跟他講，你們都記住啊，第一個意念，尾骶骨，就是尾巴根對準後腳跟。意念想著後腳跟起來找尾巴根。就這玩意。他就這麼想了想。現在就是那個意念，就是尾骶骨對正腳後跟，腳後跟起來找尾巴根。現在我進手，隨便推手，你坐穩了。不管我怎麼進手，你接我的手。就是這一個意念。好像尾巴根和腳後跟之間有一條像日光燈管一樣，有一條光，那麼一條線。就那麼一個意念。這是一。

還有第二。鼻子尖對正腳大趾尖，對正了沒有？這是拿人的啊。想腳大趾。你看拿起我來了。這是拿人的。

再教你一個發人的，抱七星。外形不動，就是想，不是動。後手要找前腳，這是發人的。用空著的這個手想要找前面的腳去，就把我掀起來了。這是發人的。

關於推手

兩個人搭手，你推手不要想推人家，你要想推人，你就是貪功，一貪功就傷氣，對健康不利。

怎麼辦哩？自己的手跟自己的腳說話，這氣不外散，它是圓的。

不管他怎麼來手，就是我的手總是跟我的腳說話，不是推他的，是我的手找我的腳的，你明白嗎？

這就是上下相隨人難進，什麼是上啊，手是上，腳是下。

刻刻留意，手不離腳。不管怎麼動，我手總是跟我的腳相呼應。你知道吧？

我推你了，只要你的手跟你的腳一說話，這不就掀我嗎？

你的手必須跟你的腳說上話。不管對方，有人處似若無人，我這麼老大個在這站著，你什麼都看不見，你就看見你的腳了。

明白了吧？你推手照這樣推，他打不進來。

你們讀過《聯共（布）黨史簡明教程》嗎？末了史達林是怎麼說的呢？安泰的故事，說安泰力大無窮，誰都打不過他。結果有一天人家突然把他抱起來，完啦！怎麼完了呢？就是腳離開地了。大地是他的母親。只有腳站在大地上，他才有力量。

要記住，打拳處處手要跟腳說話。

我今天告訴你們的東西很多很多了。可以對得起你們今天老遠的來，不讓你白來一趟。你隨便記住一條，回去手上就有功夫，叫你來個飛躍。

華夏神功太極拳[1]

講座實況錄影

感謝熊教授給安排這麼一次機會，感謝中國政法大學給提供這麼好的一個平臺，對咱們進行交流、切磋太極拳創造了有利條件。

我今天講的大題目叫《華夏神功太極拳》。大家都聽過《中國功夫》歌，歌裡有句歌詞，叫「太極八卦連環掌，中華有神功」。這個歌詞不是藝術誇張，是真實地反映了情況。大家再看王宗岳的《太極拳論》裡面有句話：「察四兩撥千斤之句，顯非力勝」，就是說太極拳能夠四兩撥千斤。不是力量大勝，是以巧破千斤，是乘人之勢，借人之力，用對方的力打對方。還不神嘛？

還有一句：「觀耄耋能禦眾之形，快何能為？」七十為耄，八十為耋。七老八十的人還能抵禦眾人，眾人起碼是三人以上，這並不是他動作快，也不是他力量大，這裡邊就有太極神功。書上是這麼講的。

太極拳的歷史上曾經有威震武壇的先輩楊露禪，由於他的太極神功，被譽為「楊無敵」。在什麼環境裡說他是楊無敵？他在清朝的王宮裡面，旗營裡邊，那地方能稱他為楊無敵。清軍從山海關進來統一了全中國，那也是很厲害的，騎馬、射箭、摔跤、玩石鎖子。他們都敵不過楊露禪。清宮裡還有武狀元拜楊露禪為師。

---

[1] 2010年4月26日張耀忠先生在中國政法大學的演講。

　　吳式太極拳傳人吳公儀，在花甲之年應戰壯年白鶴拳的拳師陳克夫，在澳門比武當中，一拳擊中對手的鼻梁，致對手血流不止，不能再戰。這件事情影響非常深遠。

　　還有北京太極五虎之一王培生。「五虎」的稱呼是體育報上登的。王培生一生與人交手無數，未曾一負，被稱為「獨步當代第一人」。

　　他們的事實充分體現了神功太極拳，很有說服力。當今太極界依然是藏龍臥虎，民間多有功夫高超、智慧超常的太極好手，不過他們處事低調，不願張揚，所以不為人們所知。這就從理論上、從實際上說明咱們中華有神功。

　　中華的太極神功不是可望而不可及的，在座的都可以向這方面努力，掌握太極拳功夫。

　　這東西在哪呢？就在你本身。開發你自己，從頭到腳開發你自己，把你潛在的功能開發出來。打開生物開關，引起能量共振。你的身上有好多生物開關，有的開關是專向的，有的開關是「一卡通」，到哪都能行得通。

　　我今天就想把我老師傳授給我的，以及我體會的東西跟你們大家說一說。希望你們也能夠成為有太極神功的人。今天來聽講座，出了這個門就有功夫。你不要笑，咱們不說空話，淨講實際。因為我這有經驗了，男女老少都能開發出「超常能量」來，甚至沒有練過太極拳的人都能開發出來。開發出這個能量來，你抗拒不了，一伸手你就抗拒不了。

　　下邊我就從頭到腳往下說，能說多少算多少。

　　聽說在座的還有中醫針灸的教授，那正跟咱們說到一

塊去了，你是只知道針灸能治病，不知道穴位能打人。我
今天就告訴你。

頭　頂

　　咱們先說說頭頂。打太極拳，一講身法，虛靈頂勁、
提頂、頂頭懸。

　　這個頭頂分為五個區域：前後左右中。前頂、後頂、
左頂、右頂、中頂。這五個區域就是五個穴位，中間是百
會穴，前後左右是四神聰，前神聰、後神聰、左神聰、右
神聰，有這麼五個穴位。

　　咱們坐步的時候，提後頂，想前頂肯定不行。你想著
提後頂整個人就來勁了。弓步的時候提前頂，往前弓起。
提後頂不行，提後頂勁就退回來了。

　　如果是隅步，像野馬分鬃、橫寬縱短的步，提左或右
頂。起腳就蹬，來勁了。所以提頂不能籠統地提，什麼步
法，什麼姿勢，提什麼地方。這要仔細研究，掰開了揉碎
了研究。

　　百會穴在吳式太極拳中有兩個專門用途。一個就是
野馬分鬃，拉開架子以後，一想到百會，這身子嘩啦一下
往下一鬆，就產生靠勁。還有白鶴亮翅，外勞宮對正百會
穴，對準以後下面的手一翻轉，這個地方就能產生很大的
掤力。

　　側頂。就是彎弓射虎。你推我這個拳頭，這個拳頭上
的勁是怎麼產生的呢？我是想這個地方（側頂），沒有想
拳頭。你知道嗎？太極拳有個特點：這個接觸手不能想，

而要想這個地方（側頂）。假如你這個手伸過來打我了，你看我這個彎弓射虎一下能把人射出去，就是頭頂打的，這個拳頭就是腦袋，腦袋就是拳頭，拿腦袋頂的，像那個大牛的角一樣。這還有「鑽罐子勁」，什麼罐呢？醃鹹菜的罐子。口小肚子大。這裡面有一個口朝下的罐子，這個腦袋要去鑽這個罐子就產生這個勁了。你們回去也可以試試。打虎式也是這樣，彎弓射虎也這樣，就想著頭頂不要想拳頭。第一拳頭不要用力，第二拳頭不要放意念，就要把意念放在這個地方，腦袋這地方。

古人說：「卷之則退藏於密，放之則彌六合。」只要你把意念收回到這個地方（側頂），這個地方（拳頭）就出去東西了。

眉　毛

頭頂下來就是眉毛。這眉毛都能打人的！你聽說過嗎？你隨便上來一個人。我告訴你，你就能打人。

你拿你的右食指摸一下左眉梢，完了以後你就盯著看這個食指。瞅著，什麼也不要想，這時候他的功能已經出來了，但是他不知道。什麼時候才能知道呢？只有我推他的時候他才知道。你瞅著食指肚，瞅啊！但是我不跟你接觸呢？你什麼感覺？什麼感覺也沒有！又不用力，又不用意念，只有我推你的時候，你就傻瞅著，功能就來了！他的勁有多麼大！

兩眉兩眼加上鼻子是一個「火」字。頭朝下的火字。咱們在母親肚子裡的時候「火」字是頭朝上，降生以後火

字頭朝下了。南方丙丁火，火能化萬物。就是比如你來推我了，我就不管你，我就劃我的眉，就是火能化萬物。這裡是南方丙丁火（心）了，腰裡是北方壬癸水（腎），兩個肩胛骨中間是東方甲乙木（肝），胸部西方庚辛金（肺），小肚子這兒是中央戊己土（脾）。陰陽五行八卦都在你身上。你把它開發出來就有用處了。

眼　神

眼睛打人，就是神打。真傳一句話：眼睛往哪裡看，手往哪裡伸，總是對的。手追眼神腳追手，後手追前手。神走意追，氣催，勁到。神就是眼神，走了，意追，這就是意（手指），意一追氣就去，勁也就到了。

鼻　子

鼻子也能打人你信嗎？真能打！你們隨便上來一個人。舉起你的右手，使你的大拇指尖跟鼻孔成水平。不要歪著，就這麼著是了。現在什麼感覺都沒有，是吧？現在我告訴你，你張這個鼻孔，張！張！你看他打了我了沒有！是你的鼻孔把我打起來的。這個（右）手既沒有用力也沒有放意念。你看我跟他搭手，搭手我就用鼻尖打他。鼻尖怎麼打呢？想鼻尖，膝蓋尖和腳大趾尖。連成一條線。這就打你。

這一定是三尖相照：鼻尖、膝蓋尖，腳大趾尖。這兩個手就往這條線上扒拉，就好像這三點是拉著一根琴弦，這兩個手在彈這個豎琴。這還有好幾種說法哩。

一種說法是這個鼻子尖是上嘴唇，腳大趾是下嘴唇，兩個手是筷子。對方來了以後，夾著這塊肉往大嘴裡放，要吃肉。

還有一種說法，就是腳踩風箱手當釺，鐵匠打鐵，腳踩氣囊，鼓風的，手是兩把釺子，膝蓋上打鐵整三年。跟前面說的也是一樣，一樣的道理，兩隻手就往膝蓋上合唄。對方身子就歪歪斜斜的，跌跌撲撲的，不由自主了，還手的機會都沒有。

這個是一卡通啊，萬能鑰匙，保證你出功夫。鼻子尖，膝蓋尖，就這一個意念，保證你不是空架子。這手上總有東西。什麼東西哩？就是那個太極勁。對方抵抗不了，抗拒不了，好像什麼東西湧過去了。

耳 朵

耳朵能打人。我告訴你啊，我拜師就是奔著這個去的。說王培生耳朵能打人，我就是奔著這個去的。去了以後我跟了王培生20多年吧，我從來沒提過「老師你耳朵怎麼打人的？」。但是老師呢，我跟老師交往的時間長了，他自己說漏出來的。我留意了。

這耳朵，你好比，咱們做這個野馬分鬃，你把這個小指尖跟耳梢成水平以後，回想耳梢，這個靠勁就出來了。野馬分鬃肩靠人，不僅是肩，整體靠人。你聽聽我手背，我就是想著耳梢。這才是說了一半的，說一個整體的那更厲害了。

整體的小指指甲蓋根部外側，有一個穴位叫「少

澤」。腳小趾指甲蓋外側有個穴位叫「至陰」。兩邊都有，對稱的。如果你做野馬分鬃時，少澤和至陰對話溝通以後啊，整個脊背後頭都靠人，挨著什麼地方都不行。

耳朵你打拳的時候怎麼用啊？實腳在哪一側，你就提哪個耳梢。提右耳梢，提左耳梢，總是對的，總來勁。老頭也年輕了。腎開竅於耳。他們打拳總說要用腰，其實打拳用腰不是高級的東西，中等。用腰還挺累得慌，弄不好還會傷腰。用耳朵呢，特別來勁，也不累得慌。

肩

太極拳裡有肩靠，遠拳、近肘、貼身靠。肩靠、胯靠、背靠。

這個肩靠啊，不能拿肩膀撞人家去。小時候我們在農村裡面扛膀子，就是兩個膀子互相靠，那個不是高功夫啊，那是力大者勝。肩，我們主要用肩井穴，就是好比你做這個如封似閉推人的時候啊，你不要想著手推，你想著什麼呢？就是外勞宮找肩井，這樣就產生往前推的這個勁了。還有攬雀尾第八動，前一想肩井，這個前按勁就來了。這是一個。

還有這個肩井啊，跟這個湧泉上下對正以後，腳底板有湧泉穴了，你的承受能力啊，可以大大超過你的體重。

這個你要是遠出旅行找不著水喝，你就拿這個肩井對湧泉，對這麼兩三下以後，就能把這個湧泉水調上來，解除口渴。還有氣管炎，你咬肩井，就這樣，左邊一下，右邊一下，左邊一下，右邊一下。你練這個功，治氣管炎。

肘

　　我到鞍山去教拳，鞍山有個拳師教了徒弟在省裡得了推手冠軍，就有一個問題不好解決，向我請教來了。

　　如果有人托住你的肘怎麼辦？你從下面托著我的肘，你就往起端。你看這多難受啊。這時候用膝蓋！膝蓋怎麼用呢？你托著，你看我想提膝走路，可是沒有提。就想著膝蓋，總想著提起來，想走路。就是這個，你想提膝走路就行啦！不要想拿個手去跟人家強拉硬扯的了，忘了手，就想提膝走路但是又沒有走，就行啦。這也是一卡通啊！你們記住，回去你功夫就提高了。

足

　　太極拳書上講過其根在腳。手是兩扇門，全憑腳打人。你不要以為腳打人是踢蹬踩跺。那個不算高功夫，小孩都能訓練出來踢蹬踩跺，咱這個腳不動就能打人。你像你們有會打簡化太極拳24式的吧，有掤、捋、擠、按。掤的時候就（想）前腳，捋的時候（想）後腳，擠的時候想前腳，按的時候、回帶的時候想後腳，再往前按的時候還想前腳。

　　現在有針灸大夫就更好了，專家懂經絡穴。你看我擠你，你聽聽我手上的勁。他這個手上的勁是怎麼來的？針灸大夫知道，這個地方有個穴位叫作「中渚穴」，腳丫子前面靠外的地方有個穴位叫「地五會」。一伸手「中渚」一找「地五會」，這個手上的勁就來了。你好比我讓你靠

邊站，我就是想著我自己的中渚和地五會對話，這個手上就產生內勁啦。

還有，野馬分鬃，開了以後，上面這個手，你想這個合谷穴。完了以後你想後面這個腳「太衝穴」。先想合谷後想太衝，這時候全身的靠勁就出來了。合谷穴接的是天氣，通天，這個太衝穴接的是地氣，通地，上通天下通地。這時候周身靠勁就來了。

你看我們打拳，你推我這拳頭看看，這時候想的是解谿穴。腳腕這個地方，解谿穴，解谿找拳頭。郭雲深為什麼能「半步崩拳打遍天下」呢？那就是在監獄裡面，他戴著腳鐐子，走也走不動，這樣練。出了監獄了他還說「我還戴著腳鐐子」，這樣功夫就出來了。實際上就是這個解谿穴，腳鐐子就套在解谿穴的位置。

所以，太極拳打得慢，就是慢慢地行功，你知道吧？你不要一下推出去。那樣傷氣！你就想著腳底板，腳掌著地，腳心著地，腳趾抓地，重心去了以後，我再想把腳後跟提起來。這手上始終有東西，對方難以抗拒。

手

手與腳合，手怎麼跟腳合？上下相隨人難進，手在上，腳在下，手腳相隨人難進，主要是腳打人。手上不使勁，也不放意念，全在腳。你看這個摟膝拗步，我這個食指跟這個腳大趾擺到一條線上，我想這個腳大趾，結果這個食指就產生這個力。食指還比較有勁了，那功夫就在一個食指尖上，對不對。還有無名指呢，無名指最沒有勁

了,但是無名指也要開發出來。就是這個攬雀尾完了轉過來變摟膝拗步的時候,只要我的百會跟這個湧泉對正以後,無名指就來勁了。

就好比一機構啊,這個人最沒有能力。可是領導發現這個人的能力可以開發出來,啟用重用他。百會跟湧泉對正以後無名指就來勁了嘛。

太極勁的奧秘:低頻共振

他為什麼剛才哎呀一聲?

你們知道嗎?就是開始我講的,打開生物開關,引起能量共振。好比我這勞宮跟湧泉一合,這好像是一個開關了。勞宮跟湧泉一通以後,我自己身體產生一種低頻振動。生物體對低頻振動最敏感,尤其人對低頻振動最敏感。當我這個低頻振動產生,我是把意念收回來專注一方,意念就放在湧泉上。完了以後,我就產生低頻振動了,而我也沒感覺。就是當他跟我一接觸以後,在這一瞬間,就跟電流一樣,嗖,一下到他身上了,到他身上以後,引起他的內臟共振。

這個問題就是修養問題,意念修養問題。不是你苦練出來的。修養,怎麼樣修養呢?太極拳的思維跟平常人完全不一樣,太極拳是練反常的。它是反向思維,逆向思維。老子說:反者道之動,弱者道之用,無為而無不為。反向思維,這是一。

第二呢,用大腦的顯意識思維是不管用的,要潛意識。用後天知識的「識神」不管用,要先天「元神」。要

用後天識神把先天元神請出來，主宰你的身體，這時候你的功能才能開發出來。老子說的，你能嬰兒乎？你能像嬰兒一樣沒有雜念，一點雜念都沒有。信佛教的練佛功叫「不二法門」；練道功的叫「意念專一」。這個呢，你聰明人學傻子，傻到什麼程度呢？傻乎乎的，我告訴你想耳朵，你就知道想耳朵，別的什麼都不想，不知道，那才行。所以萬籟聲說了：「太極拳練到頂頭愚才能成功。」愚就是愚昧的愚，愚傻的愚。那並不是真傻，大智若愚。你要能把心收回來，專想這一點，什麼都忘了，連自己都忘了，那才能成功。機靈鬼是學不了真東西的，（腦子）都被後天的識神給占滿了，元神沒有位置了，起不了作用了。

好人學殘廢

我在跟你搭上手以後，我想這隻胳膊（右手臂）不是我的胳膊了，我就想這個（左手臂），這個管用。我這個手一找前腳就把他打出去了。把這個手忘掉，跟對方接觸這個手必須忘掉。忘掉就好像我這個手不管用了，不是我的了，沒有了，就剩這一隻手了，那才行，好人學殘廢。你如果變成高位截癱了那就更厲害了。好比你看我跟你搭上手，我一變成高位截癱，整個下面都沒有知覺了，只剩下胳膊管用了。

太極八法的「頂肘」就是高位截癱。下面全被水淹了，水面上只漂著胳膊，那是「艮卦」，艮為山，壓砸下來。做下式的時候，先虛前腳，後虛後腳，就是前腿不支

撐了，後腿也不支撐了。這個時候壓勁才出來，那就是艮卦。太極八法和八卦是對應的。

腋　窩

身上好些地方能打人，還有這個胳肢窩也能打人呢。

我們這個手搭上手，你看，我一開我這個極泉穴，就能打他。像我們的玉女穿梭，我開這個極泉穴才有。試一下，你用力推，你推呀，你推這個手呀。能推動嗎？我開的是極泉穴。我不管那個（接觸）手了。你看這是不是打你？

還有，再教給你們一個一卡通。肚臍眼打人。肚臍眼怎麼打人呢？跟對方交手，對方一來手，你不管對方什麼來手不來手，你也不要管你的手，你就把意念往肚臍上一擱就行，肚臍眼的下邊緣。推手時不管對方怎麼進攻，怎麼動作，你就死守肚臍眼的下邊沿，那你出手六面勁，上下、前後、左右都有，應變無窮。應物自然。一念代萬念，不變應萬變，得一則萬事畢。

這些過去我們不給門外人傳的。

起　勢

我給你們講講這拳是怎麼起勢。起勢是前掤，下採，是吧？前掤是假設對方按住胳膊，抓住我的胳膊。這時候我怎麼把他打起來，人家抓住多緊也不要管，按住也不要管，你就先想你的腳趾頭摳你的腳心，然後再想手指摳手心。腳趾抓撓，手指抓撓。

　　還有一種，他按上了，我不管他，我抓我的膝蓋，我的膝蓋不讓抓，這是一種。

　　還有一種，它這個起勢有這麼起的。這裡有一個合谷穴，想一想合谷穴這個食指就往前長，拇指就追隨著食指向前長，好像端著高腳杯給人敬酒。這是三種，還有什麼呢？

　　太極拳起勢還有這麼起的，那是怎麼回事呢？那是對方抓住我了，他從兩邊起，現在什麼感覺都沒有，馬上就拿住了。我這是抓住他了，不敢撒手。就是說太極拳起勢這個前掤有這麼些玩意。

　　下採呢，那就是什麼，你聽著我的指梢啊。你往上托，這是怎麼回事？他托上我的手指了我不管，我想我的腳趾尖跟手指尖來對接。這是一種，還有一種。就是剛才講的，你托著我啊，我就想提膝走路就把他打起來了！我想我的股前方肌，這裡有兩個穴位叫「伏兔穴」，伏兔就是兔子，臥伏著呢，臥著兩個兔子。兔子一拱一拱地它想要出來，就產生這個沉採勁了。

　　時間關係，咱們就說一個起勢，別的沒時間說了，講得不好，請大家多提意見啊。

導引養生功

全系列為彩色圖解附教學光碟

張廣德養生著作　每冊定價350元

輕鬆學武術

太極跤

歡迎至本公司購買書籍

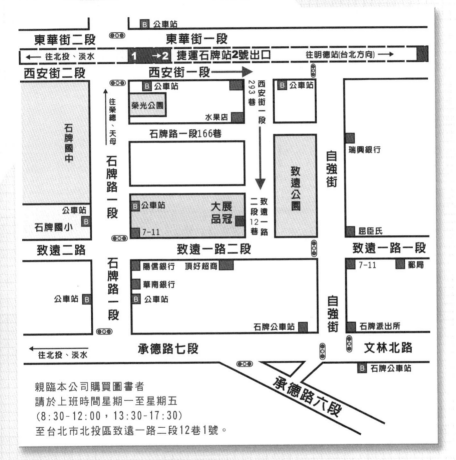

親臨本公司購買圖書者
請於上班時間星期一至星期五
(8:30-12:00，13:30-17:30)
至台北市北投區致遠一路二段12巷1號。

建議路線
1.搭乘捷運
　　淡水信義線石牌站下車，由月台上二號出口出站，二號出口出站後靠右邊，沿著捷運高架往台北方向走(往明德站方向)，其街名為西安街，約80公尺後至西安街一段293巷進入(巷口有一公車站牌，站名為自強街口，勿超過紅綠燈)，再步行約200公尺可達本公司，本公司面對致遠公園。

2.自行開車或騎車
　　由承德路接石牌路，看到陽信銀行右轉，此條即為致遠一路二段，在遇到自強街(紅綠燈)前的巷子左轉，即可看到本公司招牌。

國家圖書館出版品預行編目資料

三十七式太極拳-勁意直指／張耀忠　張林 厲勇 著
－初版－臺北市，大展出版社有限公司，2021 [民110.05]
面；21公分－（吳式太極拳；7）
ISBN 978-986-346-329-0（平裝）
1. 太極拳
528.972　　　　　　　　　　　　110003462

三十七式太極拳-勁意直指

著　　者／張　耀　忠・張　　林・厲　　勇
責任編輯／苑　博　洋
發 行 人／蔡　森　明
出 版 者／大展出版社有限公司
社　　址／台北市北投區（石牌）致遠一路2段12巷1號
電　　話／(02) 28236031・28236033・28233123
傳　　真／(02) 28272069
郵政劃撥／01669551
網　　址／www.dah-jaan.com.tw
E-mail／service@dah-jaan.com.tw
登 記 證／局版臺業字第2171號
承 印 者／傳興印刷有限公司
裝　　訂／佳昇興業有限公司
排 版 者／千兵企業有限公司
授 權 者／北京科學技術出版社
初版1刷／2021年（民110）5 月

定　價／330元

大展好書　好書大展
品嘗好書　冠群可期

大展好書　好書大展
品嘗好書　冠群可期